D1689921

SUPER SPONSOR SYSTEM

„Recruiting is a process,
not a happening"

„Rekrutieren ist ein Prozess
und kein Ereignis"

WWW.2BEKNOWN.DE

2BEKNOWN PRÄSENTIERT

DAS SUPER SPONSOR SYSTEM

Das **ultimative** Gespräch, mit dem Sie **garantiert jeden** für Ihr Network-Marketing-Geschäft **gewinnen**

SUPER SPONSOR SYSTEM

Das Super-Sponsor-System

SUPER SPONSOR SYSTEM

| Baustein 1: Menschenkenntnis | Baustein 2: Profiling | Baustein 3: Mentale und organisatorische Vorbereitung | Baustein 4: Insidergeschichten installieren | Baustein 5: Vertrauensvorschuss platzieren | Baustein 6: Bedürfnislage analysieren | Baustein 7: Emotionale Anpassung an den Gesprächspartner | Baustein 8: Geschäftspräsentation | Baustein 9: Abschluss |

PHASE 1: VORBEREITUNG | **PHASE 2: VERTRAUEN** | **PHASE 3: VERBINDUNG**

Inhalt

Vorwort 11

PHASE 1: VORBEREITUNG

Baustein 1: Menschenkenntnis

    a) Menschenkenntnis – was ist das? 22
    b) Sich für die Menschen interessieren,
       mit denen man zusammenarbeiten will 25
    c) Vom Produktexperten zum
       Menschenexperten 34
    d) Die Bedürfnislage der Interessenten
       herausfinden und nutzen 37

Das Wichtigste in Kürze 45
Die Seite für Sie:
10 goldene Regeln für Networker 47

Baustein 2: Profiling

    a) Zielsetzung 50
    b) Der erste Eindruck ist entscheidend 54
    c) Schlüsse aufgrund des ersten Eindrucks 57
    d) Die Online-Recherche zu Ihrem Kandidaten .. 64
       Das Schema für Ihre Online-Recherche 65
    e) Aktivität in Kontaktnetzwerken 70
    f) Einstufung in persönliches Ranking 76

Das Wichtigste in Kürze 78
Die Seite für Sie: Vorschlag für den Aufbau
eines Kandidatenprofils 79

Inhalt

Baustein 3: Mentale und organisatorische Vorbereitung
- a) Die Macht des Unbewussten 88
- b) Das Vorspiel: Die telefonische Terminvereinbarung 93
- c) Das Sponsorgespräch ist eine Etappe auf dem Weg zu Ihren Zielen 101
- d) Commitment gegenüber dem persönlichen Umfeld 103
- e) Bin ich der/die Repräsentant/in meines Geschäfts? 106
- f) Sich positiv ankern/Affirmation: 111
- g) Einwand-Vorweg-Behandlung 113
- h) Was interessiert den Gesprächspartner? 114
- i) Sie sind nicht abhängig von Ihrem Kandidaten! 115
- j) Sein Handwerkszeug beherrschen 117

Das Wichtigste in Kürze 119
Die Seite für Sie: Ihr persönliches Mindsetting 121

PHASE 2: VERTRAUEN

Baustein 4: Insidergeschichten installieren
- a) Vertrauen ist der Anfang von allem 124
- b) Wie man schon zu Beginn des Sponsorgesprächs miteinander „warm wird" 126
- c) Insidergeschichten für verschiedene Berufsgruppen 128

Das Wichtigste in Kürze 131

Inhalt

Die Seite für Sie: Finden Sie weitere Insidergeschichten/-fragen 132

Baustein 5: Vertrauensvorschuss platzieren
- a) Herausforderungen im klassischen Zweiergespräch 138
- b) Ihre „Heldenreise" 140
- c) Beispiele für Heldenreisen 146

Das Wichtigste in Kürze 154
Die Seite für Sie: Erstellen Sie Ihre Heldenreise 155

Baustein 6: Bedürfnislage analysieren
- a) Die Fahndung nach den Hot Buttons 164
- b) Die richtigen Fragen stellen 168
- c) Zur Fragetechnik 172
- d) Acht konkrete Techniken, die den Vertrauensaufbau unterstützen 181

Das Wichtigste in Kürze 189
Die Seite für Sie: Training macht fit 190

PHASE 3: VERBINDUNG

Baustein 7: Emotionale Anpassung an den Gesprächspartner
- a) Ihr Ziel: eine Entscheidung herbeiführen 192
- b) Was treibt dich im Leben? 198
- c) Identifikation mit dem Beruf 200

Das Wichtigste in Kürze 209
Die Seite für Sie: Identifikation mit weiteren Berufen 210

Inhalt

Baustein 8: Geschäftspräsentation
    a) „Die letzten großen Abenteuer" 221
    b) Vorabschluss 225
    c) Wie erklärt man Network-
        Marketing/Strukturvertrieb? 227
    d) Verknüpfung der Werte und Ziele des
        Bewerbers mit Ihrem System 235
    e) Allgemeine Hinweise zu Ihrer
        Geschäftspräsentation 239
    f) Das Produkt/der Markt 241
    g) Das Einkommen 247
    h) Die nächsten Schritte 252
Das Wichtigste in Kürze 254
Die Seite für Sie: Ihre Geschäftspräsentation 255

Baustein 9: Der Abschluss
    a) Den Interessenten „zappeln lassen": Bekomme
        ich den Job? 260
    b) Sich das Ja des Interessenten abholen 264
    c) Gesprächsvariante/Abschlusstechnik:
        Guter Bulle, böser Bulle 268
    d) Entscheidungssicherung 273
    e) Allgemeine Tipps zur Statuskommunikation 279
    f) Auf einen „Kongruenztest" gefasst sein 281
    g) Ihr „Notfallkoffer" – Was tun, wenn
        argumentiert werden muss? 283
    h) „Hoffnungslose Fälle" 293
Das Wichtigste in Kürze 296
*Die Seite für Sie: Lassen Sie den
Interessenten zappeln* 297

Inhalt

HÄUFIG GESTELLTE FRAGEN UNSERER SEMINARTEILNEHMER

Allgemeine Fragen 300
Fragen zu Baustein 1: Menschenkenntnis 306
Fragen zu Baustein 2: Profiling 310
Fragen zu Baustein 3: Mentale und
    organisatorische Vorbereitung 315
Fragen zu Baustein 4: Insidergeschichten 317
Fragen zu Baustein 5:
    Vertrauensvorschuss platzieren 318
Fragen zu Baustein 6:
    Bedürfnislage analysieren 320
Fragen zu Baustein 7: Emotionale
    Anpassung an den Gesprächspartner 322
Fragen zu Baustein 8: Geschäftspräsentation .. 325
Fragen zu Baustein 9: Abschluss 328

Nachwort 331

SUPER SPONSOR SYSTEM

Vorwort

Vorwort

Herzlichen Glückwunsch,
liebe Networkerin,
lieber Networker,

mit unserem Handbuch zum Super-Sponsor-System halten Sie eines der umfangreichsten, ausführlichsten und detailliertesten Werke zum Thema Recruiting in Händen.

Wir freuen uns sehr, dass wir es geschafft haben, eine firmen- und produktunabhängige Strategie zur Gewinnung von MLM-Vertriebspartnern zu entwickeln, wie es sie in der gesamten Branche in dieser Form noch nicht gegeben hat! Ein standardisiertes Instrumentarium zur Rekrutierung von neuen Partnern für MLM und Strukturvertrieb, das den gesamten Prozess der Gewinnung abbildet – vom Erstkontakt bis hin zur Einschreibung eines Kandidaten.

Das Motto des Super-Sponsor-Systems lautet:
Recruiting is a process, not a happening.

Auf Deutsch: „Rekrutieren ist ein Prozess und kein Ereignis!"

Ziel und Anspruch unserer mehr als zweijährigen Arbeit war es, die wohl am meisten gestellten Fragen unserer Seminarteilnehmer ein für allemal zu beantworten, und zwar so, dass jeder damit etwas anfangen kann.

Vorwort

Wie Sie sich sicherlich vorstellen können, werden an uns als Coaches und Referenten die unterschiedlichsten Fragen herangetragen, aber es gibt ein paar, die haben wir in der Vergangenheit immer und immer und immer wieder gehört.

Hier sind sie:
Alles gut und schön! Aber wenn ich den Kontakt mit einem interessanten Menschen gemacht habe, wie geht es denn dann weiter?

Oder:
Was erzähle ich dem Interessenten? Wie präsentiere ich das Geschäft, wenn er bei mir am Tisch sitzt?

Oder:
Wie muss ich das Gespräch führen, dass der Interessent am Ende möglichst sofort bei mir einsteigt, unterschreibt oder sich zu einer Zusammenarbeit bekennt?

Oder:
Welche Tipps und Tricks gibt es, um meine Interessenten auch wirklich für das Geschäft zu gewinnen?

Diese Fragen in einem Satz zu beantworten, war uns natürlich nie möglich, denn der Erfolg in einem persönlichen Gespräch mit einem Interessenten ist von unheimlich vielen Faktoren abhängig!
Deswegen haben wir keine Mühe gescheut und uns entschlossen, dieses Werk zu schaffen und dabei so aus-

Vorwort

führlich zu schreiben wie nur möglich. Mit Beispielen, Trainingsleitfäden, Übungen, Textvorlagen, Erfahrungsberichten, Insidertipps und allem Drum und Dran, was ein erfolgreiches Sponsorgespräch ausmacht.

Dabei gilt es an dieser Stelle noch eines anzumerken. Viele Networker sind auf der Suche nach einem Wundersatz oder dem alles entscheidenden psychologischen Trick, der alles zum Positiven verändert. Dabei vergessen sie aber, oder es ist ihnen noch gar nicht bewusst, dass es am Ende nicht auf den einen Satz, sondern auf das Gesamtkonzept ankommt. Denn jede Kette ist nur so stark wie ihr schwächstes Glied!
Genauso wie ein Kuchen missglückt, der alle Zutaten enthält, aber bei der falschen Temperatur gebacken wird, gibt es auch in einem Sponsorgespräch keinen Erfolg, wenn hier nicht die nötige „Gesprächstemperatur" herrscht. Umgekehrt könnte es sein, das zwar die Temperatur passt, jedoch das Backpulver vergessen wurde.
Es ist wie bei einem Puzzle: Erst die Summe aller Teile macht es komplett.
Und genau weil es diesen einen Wundersatz oder diesen einen Erfolgstrick nicht gibt und es auf die Gesamtheit eines Gespräches ankommt, ist dieses Buch so umfangreich geworden. Wir möchten, dass Sie seinen Inhalt aufsaugen, dass Sie damit arbeiten, dass Sie Meetings damit abhalten, dass Sie es im Bett lesen oder auf der Toilette, unterwegs, zu Hause und wo auch immer und dass es schlussendlich eine Arbeitsbibel für Ihren Rekrutierungserfolg ist.

Vorwort

Entstanden ist das vorliegende Werk natürlich zu allererst einmal auf Grundlage unserer eigenen Erfahrungen im Vertrieb. Wir haben in unserer aktiven Strukturvertriebszeit etwa 2000 Sponsorgespräche persönlich durchgeführt und sprechen deshalb zu einhundert Prozent die Sprache der Basis. Wer 2beknown kennt, der weiß, was wir damit meinen.

Wir sagen nicht, wie weit verbreitet: „Mach mal, das wird schon!", „Du musst einfach weitermachen!" oder „Du musst einfach nur positiv denken und fest an deinen Erfolg glauben!", sondern wir zeigen konkret, wie es geht!
Wir wissen, Aktion ist gleich Reaktion, und deswegen erfahren Sie von uns ganz genau, was und wie und vor allem zu welchem Zeitpunkt Sie etwas tun sollen.

Warum wir diese Philosophie leben, ist auch einfach erklärt: weil es die graue Theorie schon zur Genüge da draußen gibt und weil es genau ein bestimmter Support durch Praktiker war, der uns selbst im Vertrieb immer am meisten vorangebracht hat. Nämlich wenn eine führende Hand, ein Coach da war, der gesagt hat, mach es so, probier dies und mach das!

Es gibt wahrscheinlich in der Praxis nichts, was wir nicht im persönlichen Gespräch ausprobiert hätten, um Leute für unser Business zu gewinnen! Keine Strategie, die unversucht blieb und bleibt, um Menschen von unseren Ideen zu überzeugen, und keine Niederlage, aus der wir

Vorwort

nicht sofort wieder ein neues überzeugendes Konzept gestrickt hätten, um es beim nächsten Kandidaten besser zu machen.

Von diesen Erfahrungen werden Sie profitieren. Wir lieben es einfach, Menschen zu überzeugen und für unsere Ideen zu gewinnen. Das ist so, das war schon immer so, und es wird auch immer so bleiben. Das ist unser Naturell!

Bei der Analyse unserer bis dato geführten Gespräche und Aktivitäten haben wir allerdings festgestellt, dass unsere Vorgehensweisen zum großen Teil intuitiv waren und daher nicht immer duplizierbar und auf alle Network-Marketing-Systeme anwendbar sind.

Genau deswegen haben wir weder Kosten, Zeit und Mühe gescheut, die Besten der Besten bei unserem Projekt Super-Sponsor-System mit ins Boot zu holen.

Ganz konkret meinen wir damit, dass wir in den letzten Monaten sehr intensiv mit vielen Experten und Kommunikationsprofis zusammengearbeitet haben, um unsere Erfahrungen aus der Praxis, ergänzt durch das Know-how dieser Spezialisten, in ein anwendbares Konzept zu verpacken und Ihnen schlussendlich einen hocheffektiven und duplizierbaren Gesprächsleitfaden zu liefern.

Das Besondere dabei: Bei diesem Leitfaden kommt es nicht darauf an, mit welchem Produkt und in welchem System Sie arbeiten. Er ist darauf ausgelegt, Menschen für das System MLM, die Geschäftsidee an sich und

Vorwort

nicht zuletzt auch für Sie als Mensch zu gewinnen. Vollkommen unabhängig von Firmennamen und Marketingplänen!

Der Anspruch, den wir dabei an das Super-Sponsor-Konzept hatten, war hoch, und genau deswegen war die Zahl der Profis, mit denen wir kooperiert haben, sehr groß.

Konkret haben wir unser Gespräch von Effektivitätsexperten analysieren und optimieren lassen, haben NLP-ler um Rat gebeten, mit Körperspracheexperten über das richtige Erscheinungsbild und Verhalten eines Recruiters diskutiert und Psychologen speziell zu den Dingen, die Menschen antreiben, befragt.
Ja, wir haben sogar die geheimen Verhör- und Befragungstechniken von Kriminalisten einfließen lassen, um das Konzept zu optimieren.
Allerdings wollten wir der Sache noch das Sahnehäubchen aufsetzen. Wir haben deshalb unsere erfolgreichsten Kunden und die MLM-Topleader Europas zu ihren Sponsorstrategien befragt, um die Erfahrungen von möglichst vielen unterschiedlichen Praktikern mit verwerten zu können.

Und zuletzt haben wir das Konzept in der Praxis nicht nur getestet, sondern es wahrhaftig einem Härtetest unterzogen.
Wir haben auf unsere Kosten einige Networkeinsteiger im Tagesgeschäft gecoacht und sie mehrere Monate bei der Arbeit mit unserem Super-Sponsor-Konzept begleitet.

Vorwort

Das Ergebnis hat uns selbst begeistert und unsere Erwartungen bei Weitem übertroffen.

Der beste unserer fünf Schützlinge hat es geschafft, von null weg in drei Monaten ein Team von sage und schreiben 117 Partnern aufzubauen. Und das als absoluter Networkneuling, ohne weitere Vorkenntnisse und ausschließlich mit persönlichen Gesprächen.

Deswegen basieren auch unsere Coachings mittlerweile zu großen Teilen auf der Anwendung des Super-Sponsor-Konzepts.

So weit zur Story behind. Und nun zu dem, was Sie erwartet. Das 2beknown-Super-Sponsor-System basiert grundlegend auf der Unterteilung des gesamten Sponsorprozesses in drei Phasen.

Die da wären:
- **Vorbereitung**
- **Vertrauen**
- **Verbindung.**

Diese drei Phasen gilt es zu durchlaufen, um auch garantiert zum Erfolg zu kommen. Ähnlich wie bei einem dreibeinigen Stuhl, der ohne das dritte Bein nicht stehen kann, funktioniert auch das Sponsorgespräch nicht, wenn man eine der drei Phasen nicht durchläuft.

Die Erfolgsformel lautet also, das Gespräch strukturiert auf drei feste Säulen zu stellen und damit die Grundlage für den Erfolg zu sichern.

Vorwort

Jede dieser drei Phasen oder auch Säulen besteht nun wiederum aus drei Bausteinen.

Diese insgesamt neun Bausteine gilt es jetzt nach dem Baukastenprinzip aneinanderzureihen. Ähnlich wie in einem Computerspiel, bei dem man sich von Level zu Level vortastet und schließlich am Ziel seiner Bemühungen angelangt ist.

Wenn man den Verlauf das Super-Sponsor-Prozesses kurz und knackig zusammenfassen müsste, dann könnte man folgende Aussage treffen:

Setzen Sie Ihre
1. **Menschenkenntnis** ein, um ein persönliches
2. **Profiling** Ihres Kandidaten **vorzunehmen,** und sorgen Sie für Ihre ausgezeichnete
3. **mentale und organisatorische Vorbereitung** vor dem Gespräch mit dem Kandidaten. **Installieren** Sie beim Zusammentreffen eine
4. **Insidergeschichte** und **platzieren** beim Interessenten einen
5. **Vertrauensvorschuss,** um schnell Sympathie zu ihm aufzubauen. Checken Sie seine aktuelle
6. **Bedürfnislage** und schaffen die
7. **emotionale Anpassung an den Gesprächspartner,** bevor Sie anfangen, Ihre
8. **Geschäftspräsentation** abzuhalten. Streben Sie danach einen
9. **Abschluss** in Ihrem Gespräch an!

SUPER SPONSOR SYSTEM — Vorwort

SUPER SPONSOR SYSTEM

PHASE 1: VORBEREITUNG	PHASE 2: VERTRAUEN	PHASE 3: VERBINDUNG
Baustein 1: Menschenkenntnis	Baustein 4: Insidergeschichten installieren	Baustein 7: Emotionale Anpassung an den Gesprächspartner
Baustein 2: Profiling	Baustein 5: Vertrauensvorschuss platzieren	Baustein 8: Geschäftspräsentation
Baustein 3: Mentale und organisatorische Vorbereitung	Baustein 6: Bedürfnislage analysieren	Baustein 9: Abschluss

Wie Sie vielleicht schon bemerkt haben, sind in dieser Kurzbeschreibung bereits alle neun Bausteine des Super-Sponsor-Systems enthalten, auf die wir nun in den folgenden Seiten konkret eingehen werden.

Vorab aber noch eine wichtige Anmerkung. Es gibt auch bei unserem System Regeln, und die müssen von Ihnen eingehalten werden. Wir haben nämlich festgestellt, dass das Super-Sponsor-System nur dann funktioniert, wenn auch wirklich alle Bausteine in der von uns beschriebenen Reihenfolge platziert werden und das Gespräch auch

Der Aufbau des Super-Sponsor-Prozesses

Vorwort

tatsächlich auf seinen drei tragenden Säulen steht. Wenn diese Rahmenbedingungen gegeben sind, dann wird Sie in Zukunft nichts und niemand mehr an Ihrem Erfolg im Network-Marketing hindern können, und Sie gehören schon bald zu den besten Rekrutierern, die die Network-Marketing-Industrie jemals hervorgebracht hat.

Wir wünschen Ihnen viel Spaß beim Lesen, gute Erkenntnisse und Inspirationen für Ihr Tagesgeschäft und natürlich außergewöhnliche Erfolge beim Teamaufbau mit dem 2beknown-Super-Sponsor-System.

Ihr Rainer von Massenbach und Tobias Schlosser

PHASE 1: VORBEREITUNG

Baustein 1: Menschenkenntnis

SUPER SPONSOR SYSTEM

| Baustein 1: Menschenkenntnis | Baustein 2: Profiling | Baustein 3: Mentale und organisatorische Vorbereitung | Baustein 4: Insidergeschichten installieren | Baustein 5: Vertrauensvorschuss platzieren | Baustein 6: Bedürfnislage analysieren | Baustein 7: Emotionale Anpassung an den Gesprächspartner | Baustein 8: Geschäftspräsentation | Baustein 9: Abschluss |

PHASE 1: VORBEREITUNG | **PHASE 2: VERTRAUEN** | **PHASE 3: VERBINDUNG**

Phase 1: Vorbereitung

a) Menschenkenntnis – was ist das?

Wenn wir das Schlagwort „Menschenkenntnis" gleich hier zu Beginn unserer Ausführungen anbringen, sollten wir uns zunächst einmal Gedanken machen, was darunter zu verstehen ist.

Die Definition von „Menschenkenntnis"

Das Internetlexikon Wikipedia definiert den Begriff folgendermaßen:

Menschenkenntnis ist die Fähigkeit, das Verhalten oder den Charakter von Menschen aufgrund eines ersten Eindrucks richtig einzuschätzen, zu erkennen und zu beurteilen und vorherzusagen, wie sie denken und wie sie handeln werden.

Entscheidende Faktoren für diese Fähigkeit sind Lebenserfahrung, Intuition, Intelligenz und Weisheit. Menschenkenntnis ist nicht angeboren, sondern man erwirbt sie durch den häufigen Umgang mit Menschen und durch Erfahrung mit vielen unterschiedlichen Menschen.

Menschenkenntnis kann genutzt werden, um Menschen richtig zu beurteilen, sie zu motivieren, um anderen Menschen einen guten Rat zu geben, tiefere Beziehungen einzugehen usw. Sie kann aber auch zum eigenen Vorteil ausgenutzt werden, zum Beispiel, wenn man Menschen überzeugen, sie verführen oder ihnen etwas verkaufen will.

(http://de.wikipedia.org/wiki/Menschenkenntnis)

Baustein 1: Menschenkenntnis

Dieser Artikel bringt nicht nur die gewünschte Definition, sondern auch mehrere andere interessante Aspekte:

Menschenkenntnis ist nicht angeboren. Man erwirbt sie durch den häufigen Umgang mit Menschen und durch Erfahrung mit vielen unterschiedlichen Menschen: Das heißt im Klartext, dass Menschenkenntnis eine erlernbare Fähigkeit ist. Das ist die gute Nachricht!
Die andere Seite der Medaille: Von nichts kommt nichts! Damit wir Menschenkenntnis erwerben, müssen wir uns mit den Menschen um uns herum beschäftigen, auf sie zugehen, uns für sie interessieren, die Augen offen halten.

Menschenkenntnis ist erlernbar

Menschenkenntnis kann benutzt werden, um die Menschen zu überzeugen, zu verführen oder ihnen etwas zu verkaufen: Das ist genau der Ansatzpunkt, der für uns Networker interessant ist.
Im Vertrieb ist das Ziel der Verkauf von Produkten und Dienstleistungen. Aber auch bei der Geschäftspartnergewinnung geht es um nichts anderes: Wir verkaufen unserem Interessenten eine Geschäftsidee – oder eigentlich sogar noch mehr: nämlich einen Lifestyle, eine bestimmte Art zu leben.
Und da beim Verkauf oft die Verpackung eine große Rolle spielt, kann uns die Menschenkenntnis vor allem dabei helfen, unser Angebot richtig zu „verpacken".

Menschenkenntnis nützt beim Verkauf – und damit auch beim Recruiting!

Es gibt eine Vielzahl von unterschiedlichen Modellen, die helfen sollen, den Charakter eines Menschen leichter zu

Phase 1: Vorbereitung

erfassen. Meist handelt es sich um eine Einteilung nach Charaktertypen. Für uns Networker ist letztlich entscheidend, dass wir lernen, intuitiv zu erfassen, wer unser Gegenüber ist, wie er fühlt und denkt, wo seine Motivationspunkte liegen.

Sein Gegenüber intuitiv richtig einschätzen

So können zum Beispiel erfahrene und „altgediente" Networker und Vertriebsleute oftmals schon am Auftreten und Erscheinungsbild einer Person ganz präzise Schlüsse über Lebenssituation oder Beruf ihres Gegenübers ziehen. Gute Networker wissen intuitiv oft schon vor dem Gespräch, ob sie erfolgreich sein werden.
Mehr noch, manche Vertriebler wissen schon in den ersten Sekunden eines persönlichen Zusammentreffens, ob sie jemanden einschreiben oder nicht. Die Frage, wie sie diese Einschätzung so treffsicher vornehmen konnten, beantworten sie meistens mit „Erfahrung"!

Diese Fähigkeit kann man mit Sicherheit nicht über Nacht erlernen, sie wird aber umso besser und die Trefferquote umso höher, je öfter man mit anderen Menschen im persönlichen Gespräch ist. Wir bezeichnen es auch gern als emotionale oder auch vertriebliche Intelligenz, die sich im Laufe eines Networkerlebens entwickelt.

Baustein 1: Menschenkenntnis

b) Sich für die Menschen interessieren, mit denen man zusammenarbeiten will

Das A und O im täglichen Geschäft ist, dass man sich für die Menschen interessiert, mit denen man zusammenarbeiten will. Nur so erwirbt man Menschenkenntnis, und nur so kann man aus bereits erworbener Menschenkenntnis Kapital schlagen.

Man möchte glauben, solches Interesse wäre für einen Networker selbstverständlich. Allerdings offenbart die Praxis meist ganz andere Tatsachen.

Das traurige Szenario, das wir in diesem Zusammenhang am allermeisten erleben, ist der Networker, der in einem persönlichen Gespräch sofort anfängt, Produkte und das Geschäft zu präsentieren, ohne auch nur eine Sekunde Interesse an seinem Gesprächspartner zu zeigen.

Das kann aus unserer Sicht nicht funktionieren, denn es ist nicht das Geschäft oder der Karriereplan, der einen neuen Partner gewinnt, sondern der Mensch, der diese Fakten mit Emotionen, Leidenschaft und Begeisterung transportiert.

Das Zwischenmenschliche ist es, das einen Vertrieb oder ein Networkgeschäft aus der Taufe hebt und, viel mehr noch, dessen Bestand auch in Zukunft sichert. Devise: Je mehr persönliche Verbindungen und je mehr zwischenmenschlicher „Kitt" in einem Team vorhanden sind, desto stabiler und weniger „volatil" sind Umsatz und Einkommen in der Zukunft.

Ein nachhaltig stabiles Networkgeschäft beruht auf guten zwischenmenschlichen Bindungen

Phase 1: Vorbereitung

Nachfolgend möchten wir einmal kurz zwei Beispiele skizzieren, an denen uns aufgefallen ist, wie wenig „Tiefgang" oftmals bei der Ausübung des Networkgeschäfts im Spiel ist und wie wichtig es wiederum sein kann, sich in den unterschiedlichsten Situationen ehrlich für die Menschen zu interessieren, um seine persönlichen Ziele im Network zu erreichen!

Beispiel 1

In unseren Direktkontakt-Coachings erleben wir immer wieder die folgende Situation: Wir sind mit unseren Klienten ein paar Stunden unterwegs gewesen und waren recht erfolgreich. Wir haben in der Theorie alle persönlichen und relevanten Fragen besprochen, haben eine persönliche „Elevator Pitch" mit dem Kunden kreiert, wir haben vorgemacht, wie die Direktansprache funktioniert, die ersten Telefonnummern generiert und natürlich bei den eigenen Aktivitäten und Ansprachen unserer Kunden unterstützt und korrigiert. So lange, bis alles gepasst hat! Ende vom Lied: Es ist bis jetzt immer gelungen, gemeinsam mehrere sehr gute Kontakte an einem solchen Tag zu machen.

Beim letzten Part, der Abschlussbesprechung, fragen wir dann meistens: „Na, wie viele Kontakte sind es denn nun geworden?"

Fatale Tatsache: Meistens wissen es unsere Kunden nicht und fangen genau in diesem Moment an zu zählen!

1   **Wir halten fest: Die meisten zählen gar nicht mit, wie viele Kontakte wir gemacht haben!**

Baustein 1: Menschenkenntnis

Oftmals finden wir dann gemeinsam nach längerem Kramen in allen möglichen Taschen, Mappen und Geldbörsen auch tatsächlich die Kontakte, und der Kunde verkündet stolz: „XYZ Kontakte sind es geworden!"

Aber diese Zahl war bis jetzt noch nie richtig und musste von uns immer nach oben korrigiert werden, denn wir mussten unseren Klienten darauf hinweisen: „Du hast noch eine Telefonnummer in der hinteren Hosentasche, und eine steht auf der Rückseite der Rechnung, die uns die Bedienung ganz am Anfang im Café gebracht hat!"

Meistens fallen die Kunden dann aus allen Wolken und sagen: „Oh Mann, stimmt! Da war ja noch der und die und der!"

Coachingkunden erinnern sich nicht mehr an ihre eben gemachten Kontakte!

2 Wir halten fest: Ein oder zwei Telefonnummern würden unsere Kunden gar nicht selbst wiederfinden, wenn wir uns nicht für sie gemerkt hätten, wo sie sie hingesteckt haben!

Wenn wir dann endlich alle Nummern beisammen haben, erklären wir unserem Klienten Folgendes: „Jetzt geht es darum, die Nummern/Kontakte zu sichten und ein wenig zu qualifizieren! Was fällt dir denn noch zu den Leuten ein? Wann hast du ihn angesprochen, wo war das, was war sein Beruf, was hast du ihm gesagt, wie seid ihr verblieben? Hast du dir schon Notizen gemacht?"

Das ist dann genau der Punkt, an dem sich nun endgültig die Spreu vom Weizen trennt, denn kaum jemand weiß noch etwas über die Telefonnummern und Namen, die

Phase 1: Vorbereitung

jetzt auf Abreißzetteln, Visitenkarten oder irgendwelchen Flyern vor uns liegen.

3 Wir halten fest: Es gibt außer einem Stück Papier und einer Telefonnummer oft keine oder kaum Zusatzinformationen über die Personen, mit denen gesprochen wurde.

Es ist klar, dass das Ganze in dieser Form nicht funktioniert, denn diese Situation ist nicht geeignet, um einen fremden Menschen für ein Geschäft zu gewinnen. Hier fehlt es bereits ganz zu Beginn an Wertschätzung und Aufmerksamkeit gegenüber dem, was das Wichtigste in einem jeden MLM-Geschäft ist: der Mensch!

Mangel an Wertschätzung für andere Menschen: ein fataler Fehler im MLM-Geschäft!

Wir erklären das dann im Coaching ganz gerne anhand eines provokanten Gedankenexperiments:

Es gibt zwei Varianten, einen „Direktkontakt" zu terminieren. Die erste könnte sich ungefähr so anhören:

Wie man es beim Terminieren eines Direktkontakts nicht machen sollte …

1 *Hallo! Ich weiß Ihren Namen nicht mehr, aber ich habe gestern beim Wäschemachen noch eine Telefonnummer in meiner Hose gefunden!*
Ich weiß zwar nicht mehr, wann und wo wir uns gesprochen haben, und kann mich auch nicht mehr an Ihr Gesicht erinnern, aber ich probier's trotzdem mal, mit Ihnen einen Termin zu vereinbaren …!
Weil in unserem Geschäft geht es sowieso nur um Quoten.

SUPER SPONSOR SYSTEM

Baustein 1: Menschenkenntnis

Ich muss nur mit ein paar Hundert Leuten sprechen, da werden dann schon einige mitmachen. Also, wann hätten Sie denn mal Zeit, sich etwas anzuhören …?

Die zweite wäre dann diese:

2 *Hallo, Gerda Mustermann am Apparat! Sie erinnern sich, wir haben uns vor zwei Tagen in München im Café XY kennengelernt!*
Mensch, mir ist unser Gespräch gar nicht aus dem Kopf gegangen, Sie haben so einen tollen Eindruck auf mich gemacht. Ich hoffe, Sie hatten noch einen schönen Abend, wie war es denn noch beim Fitnesstraining?
Ich hatte Ihnen ja gesagt, dass Sie gut in mein Team passen würden. Ich bin nämlich gerade dabei, mit ein paar interessanten Menschen, die genauso wie Sie aus dem Dienstleistungsbereich kommen, einen neuen Geschäftsbereich für die Firma XY im Großraum München aufzubauen. Ich würde Sie, wie schon gesagt, gerne mal in den nächsten Tagen persönlich kennenlernen und auch die Möglichkeit eines guten Zusatzverdienstes mit Ihnen besprechen. Bei diesem Gespräch erkläre ich Ihnen alle Fakten und Hintergründe, und Sie können für sich prüfen, ob unsere Idee der Zusammenarbeit für Sie interessant ist.
Ich bin morgen um 16 Uhr wieder in der Stadt oder am Freitagvormittag! Wann passt es denn bei Ihnen besser?

… und das positive Gegenbeispiel

Phase 1: Vorbereitung

Wir brauchen, glaube ich, nicht darüber zu reden, welche der beiden Varianten erfolgversprechender ist. Jeder Leser wird wahrscheinlich laut ausrufen: „Natürlich die zweite!"

Viele verwenden leider trotzdem Vorgehensweisen, die unserer Variante 1 sehr nahe kommen. Und diese Leute wundern sich dann noch, warum es schwer ist, Termine zu vereinbaren, oder warum die „Quoten" nicht zufriedenstellend sind!

Schon beim Erstkontakt Augen und Ohren offen halten, alle Infos (auch vermeintlich „unwichtige") möglichst sofort notieren!

Die Lösung für dieses Dilemma lautet: Schon beim Erstkontakt hellwach sein, Augen und Ohren ständig offen halten, alles registrieren und nach Möglichkeit alle wichtigen und sogar die „unwichtigen" Infos sofort notieren – denn lieber wissen Sie ein paar Details mehr als zu wenig, denn je mehr Infos Sie haben, desto einfacher wird es dann, bei der Terminvereinbarung die „Brücke zu schlagen" und schnell Sympathie und Vertrauen aufzubauen.

Echtes Interesse am potenziellen zukünftigen Partner zeigen

Zeigen Sie also echtes Interesse an Ihrem potenziellen zukünftigen Partner. Das ist nur das Natürlichste von der Welt: Schließlich wollen Sie mit diesem Menschen ja auf lange Zeit, vielleicht ein ganzes Leben lang, zusammenarbeiten!

Beispiel 2
Vor einiger Zeit war unser „dritter Mann" bei 2beknown auf der Suche nach einer Wohnung in München. Er beauftragte mehrere Makler, die das passende Objekt für ihn finden sollten. Leichter gesagt als getan, denn

SUPER SPONSOR SYSTEM

Baustein 1: Menschenkenntnis

der Immobilien-/Wohnungsmarkt in dieser Stadt ist eine echte Katastrophe. Wer denkt, dass er sich durch den Einsatz eines mehrere Tausend Euro teuren Maklers vom Wohnungssuchstress „freikaufen" kann, hat sich getäuscht.

Nach der Besichtigung mehrerer Objekte fand der Makler dann glücklicherweise doch das für ihn passende, und es wurde ein Termin für die Unterschrift unter den Mietvertrag vereinbart. Vier Tage später fand besagtes Treffen statt, bei dem nun endlich alle beteiligten Parteien zugegen waren: unser „dritter Mann", der Makler und der Hausverwalter nebst seiner Gattin, die sich um die formellen und administrativen Dinge kümmerte.
Alles lief professionell und reibungslos ab, der Mietvertrag wurde unterschrieben, der Makler übergab seine Rechnung, verließ das Büro, und unser Kollege unterhielt sich noch kurz mit dem Hausverwalter über die Möglichkeit, die Wohnung käuflich zu erwerben.

Plötzlich platzte die Frau des Hausverwalters wie aus heiterem Himmel mitten ins Gespräch: „Wissen Sie was! Bei der hohen Miete für die Wohnung ist es doch sicher für Sie interessant, etwas dazuzuverdienen. Ich bin nämlich vor Kurzem in die Finanzbranche eingestiegen und habe eine tolle Möglichkeit für mich gefunden, das wäre doch bestimmt auch was für Sie! Wissen Sie, mein Mann macht ja hier die Hausverwaltung und ich unterstütze ihn, aber das ist mal eine Gelegenheit für mich, zusätzlich etwas zu verdienen. Ich bin da jetzt seit

Eine „No-go"-MLM-Ansprache"

Phase 1: Vorbereitung

drei Monaten dabei und finde das super, das müssen Sie sich unbedingt mal anhören …" Et cetera, et cetera.

Auch hier haben wir einen klassischen Fall von fehlendem Interesse und Mangel an Information über unseren Partner vorliegen, zusätzlich noch in Kombination mit einem falschen Timing für die Ansprache.

Die Diagnose:
1. **mangelnde Information,**
2. **falscher Zeitpunkt,**
3. **nur über sich selbst sprechen, anstatt über sein Gegenüber**

Alles hätte mit Sicherheit besser funktioniert, wenn die Kollegin unseren Partner zuvor gegoogelt und im Internet ein paar Infos über ihn eingeholt hätte. Zweitens hätte sie die Ansprache lieber zu einem späteren Zeitpunkt vornehmen sollen. Drittens war es ihr größter Fehler, nur über sich, anstatt über ihn zu sprechen.

Wenn sie gewusst hätte, wie er „zu packen" ist und wo die Anknüpfungspunkte für ein Gespräch liegen, wäre es mit Sicherheit einmal zu einem weiteren Treffen oder einem Austausch gekommen.

Sie hätte nämlich durch etwas Vorabrecherche herausgefunden, dass er für unsere Unternehmensberatung 2beconsulting zuständig ist und mehr oder weniger an der Quelle sitzt, was kleine und mittelständische Unternehmen angeht. Damit wäre es z. B. möglich gewesen, ein intelligentes Kooperationsmodell zu vereinbaren und besagte Unternehmen etwa über Einsparung von Sozialleistungen oder Steuersenkung durch eine betriebliche Altersversorgung aufklären können. Es wäre wahrscheinlich nicht zu einer direkten Zusammenarbeit im Sinne einer Mitarbeit gekommen, wir sind uns aber sicher, dass die Kollegin von dieser Art der Kooperation

Baustein 1: Menschenkenntnis

mehr profitiert hätte als von einer direkten Mitarbeit. Denn manchmal sind Tippgeber oder Kooperationspartner, die an interessanten Quellen sitzen, wertvoller als aktive Geschäftspartner, die über wenig oder gar keine Kontakte verfügen.

So allerdings ist nichts geblieben – nur der fade Beigeschmack beim Gedanken an eine Frau, die bei der Wohnungsübergabe völlig unpassend ins Gespräch platzte ist und vollkommen am Bedarf unseres Kollegen und an ihren eigentlichen Möglichkeiten „vorbeirauschte".

Phase 1: Vorbereitung

c) Vom Produktexperten zum Menschenexperten

Eine weitere Falle, in die man als Networker tappen kann, hat andere Ursachen: Es muss nicht immer nur der Mangel an Interesse sein.
Das Problem kann auch durch einen falschen Fokus entstehen.

Der „produktver-liebte" Networker

Im Network-Marketing sind sie eine häufige Erscheinung: die „Produktverliebten". Sie haben ihr Business über die Nutzung des Produktes kennengelernt, sind begeistert davon, wissen über jedes Detail Bescheid und können stundenlang darüber erzählen.
Verstehen Sie mich nicht falsch: Das ist auch gut so. Es ist absolut notwendig, dass Sie als Networker über Ihr Produkt bis ins Kleinste Bescheid wissen und dass keiner Ihrer Gesprächspartner Sie in Verlegenheit bringen kann, wenn es um dieses Thema geht.

Dass „die Chemie stimmt", ist wichtiger als die Vorteile des Produkts!

Nur führt der Weg zu einer geschäftlichen Zusammenarbeit in den allermeisten Fällen eben nicht – zumindest nicht nur – über das Produkt. Viel entscheidender ist, dass zwischen Ihnen und Ihrem Interessenten „die Chemie stimmt", dass er Vertrauen zu Ihnen hat und den Eindruck bekommt, Sie könnten ihm genau das geben, was er sich wünscht.
Sogar schon bei einer Kaufentscheidung spielt nachweislich oft das Zwischenmenschliche eine größere Rolle als das, was verkauft wird!

Baustein 1: Menschenkenntnis

Um noch deutlicher zu machen, worum es geht, berichten wir Ihnen von einer Erfahrung, die wir selbst immer wieder machen:

Manchmal lernt man Kollegen kennen, die einem den ganzen Tag von ihrem Produkt erzählen, um einen für die Mitarbeit in ihrem System zu gewinnen. Je mehr man ablehnt, desto intensiver führen sie das Gespräch, um einen doch noch zu überzeugen. Genau das hat manchmal fatale Folgen. Man ist dann genervt, und eine schlechte Stimmung ist mit Sicherheit keine gute Grundlage für eine geschäftliche Zusammenarbeit.

So argumentieren sie sich bis ins Nirwana. Immer nach dem Motto: „Aber mein Produkt ist …, aber mein Produkt hat …, aber mein Produkt kann …!".

Irgendwann ist das Gespräch dann beendet, obwohl es eigentlich noch nicht einmal richtig begonnen hat. Und es ist nichts anderes geblieben als schlechte Laune auf unserer und Frustration auf der anderen Seite. Einem Menschenexperten wäre so etwas sicherlich nicht passiert, denn er hätte wahrscheinlich nicht selbst andauernd erzählt, sondern viel gefragt, sehr gut zugehört und versucht, unsere Motivationspunkte zu finden.

Ein sehr erfolgreicher Kollege von mir uns dazu einmal den schönen Spruch geprägt:
Fachidiot schlägt Interessenten tot!

Sicher sehr krass ausgedrückt, aber es trifft den Nagel genau auf den Kopf.

„Fachidiot schlägt Interessenten tot!"

Phase 1: Vorbereitung

Je mehr Sie auf Ihr tolles Produkt fixiert sind, desto größer ist die Gefahr, den Menschen zu übersehen, der Ihnen gegenübersteht oder -sitzt.

Ihre Aufgabe: die „Motivationsschraube" Ihres Interessenten finden und ihn begeistern

Ihre Aufgabe ist nicht in erster Linie, ihn vom Produkt zu überzeugen. Sondern Sie müssen die kleine „Motivationsschraube" finden, an der man drehen und ihn so begeistern kann.

Erst wenn Sie das gelernt haben und „Menschenexperte" statt Produktexperte geworden sind, werden Sie Ihr Erfolgspotenzial richtig ausschöpfen können.

d) Die Bedürfnislage der Interessenten herausfinden und nutzen

Wie soll also der Networker jetzt gegenüber seinen Interessenten vorgehen?

Da gibt es den schönen Spruch: Der Köder muss dem Fisch schmecken und nicht dem Angler.
Und tatsächlich sind Networker so etwas wie „Menschenfischer".

Wer selbst angelt, weiß Bescheid: Wenn ich Karpfen fangen möchte, dann hänge ich eine Kartoffel an den Haken. Will ich einen Hecht, dann ziehe ich einen glitzernden Blinker durchs Wasser, und gehe ich auf Aalfang, dann hänge ich eine fetten Wurm an den Haken und lege ihn auf den Grund des Sees – am besten nachts.
Wenn Sie jetzt der Meinung sind, Sie würden einen Aal erwischen, wenn Sie einen Zentner Kartoffeln in den See kippen, dann werden Sie dabei kaum Glück haben. Bei Kartoffeln kommen Karpfen, wenn es glitzert, kommt der Hecht, und erst wenn der Wurm groß genug ist, dann gibt es Aal.

Oder für die Nichtangler: Es ist schwierig, mit einen Schraubendreher eine Scheibe Brot abzuschneiden.

Das heißt im Klartext: Je nachdem, mit wem ich es zu tun habe, muss ich ganz unterschiedlich vorgehen, um ihn als Geschäftspartner zu gewinnen.

Die Vorgehensweise auf den jeweiligen Interessenten abstimmen

Phase 1: Vorbereitung

Die simple altbekannte Networker-Masche „Ich erzähle dem einfach einmal meine Geschichte" funktioniert in vielen Fällen schlecht bis überhaupt nicht.

Es kann auch ausgesprochen kontraproduktiv sein, wie unter Drogeneinfluss immer nur von großen Beträgen, vom passiven Einkommen und von finanzieller Unabhängigkeit zu sprechen.

Sicherlich: Menschen, denen das wirklich wichtig ist, erreiche ich auf diese Weise tatsächlich.

Nicht alle Interessenten kann man mit Geld locken!

Allerdings gibt es eine ganze Menge Menschen, die vollkommen andere Motive haben, und sie erreiche ich mit dieser Kommunikation überhaupt nicht. Mehr noch: Wahrscheinlich vergraule ich sie sogar.

Denn auch wenn das für manche Ohren unglaublich klingt: Keineswegs jeder, der MLM betreibt, tut das in erster Linie des Geldes wegen.

Herauszufinden, wie Sie Ihren Gesprächspartner „packen" können, auf welche Argumente er reagiert, wo seine Motivationspunkte, die „Hot Buttons", liegen, ist Ihre Kunst. Hier kommt es auf genaue Beobachtung, sorgfältige Recherche und die richtige Fragetechnik an – und all das beginnt schon beim Erstkontakt.

Worüber Sie Bescheid wissen sollten, um die „Hot Buttons" Ihres Kandidaten zu finden

Ihre Karten sind umso besser, je schneller Sie über die folgenden Punkte Näheres herausbekommen:

1. die aktuellen Lebensumstände insgesamt
2. die aktuelle berufliche Situation und die Zufriedenheit (oder Unzufriedenheit) damit

Baustein 1: Menschenkenntnis

3 die aktuelle familiäre Situation
4 Zukunftspläne
5 Frustrationen und Ängste
6 die finanzielle Situation.

Wie Sie es nun machen, dass Sie aufgrund dieser Informationen „Ihren Fischen den passenden Köder anbieten", möchten wir wieder an einem Beispiel erklären.

Nehmen wir an, Sie haben per Direktkontakt zwei interessante Frauen kennengelernt.

Eine ist 48 Jahre, wohlhabend, mit einem Arzt verheiratet. Die Kinder, für die sie vor vielen Jahren ihre Karriere aufgegeben hat, gehen inzwischen eigene Wege. Sie ist Hausfrau, sozial engagiert und unzufrieden, weil sie sich daheim langweilt und ein wenig unnütz vorkommt, während ihr Mann arbeitet.

Zwei ideale Kandidatinnen fürs Networkgeschäft ...

Die andere ist eine 35-jährige Mutter von drei Kindern. Ihr Mann ist Büroangestellter, beide sind voll berufstätig, und das Geld ist trotzdem jeden Monat knapp. Sie wünscht sich mehr Zeit für ihre Kinder, hat Angst vor Arbeitsplatzverlust und ist gerade auf der Suche nach einem Zweitjob, um die Haushaltskasse etwas aufzubessern.

Es ist keine Frage: Beide Frauen sind perfekte Kandidatinnen für unser Geschäft.
Doch haben sie komplett unterschiedliche Lebenssituationen, Wünsche, Ängste und Bedürfnisse.

Phase 1: Vorbereitung

Wir müssen uns also überlegen, wo wir diese beiden Frauen anpacken und was wir ihnen geben können, um sie für unser Geschäft zu gewinnen.

... doch jede „kriegt" man mit einer anderen Strategie!

Für die erste Frau ist Geldverdienen nicht so wichtig. Bei ihr sollten wir insbesondere darauf eingehen, dass sie sich im Network selbst verwirklichen kann, dass sie mit anderen Menschen zusammenarbeitet und eine sinnvolle Tätigkeit ausübt.

Wir zeigen ihr, dass sie sich bei diesem Geschäftsmodell um andere kümmern kann, als Vorbild dient und ihre eigene Karriere im Nebenberuf machen kann, ohne ihr Leben komplett umzustellen.

Es gilt also, folgendes Bild in ihrem Kopf zu erzeugen: Sie wird in einiger Zeit erfolgreich sein, einen neuen Sinn im Leben finden und ihrem Mann beweisen, dass auch sie fähig ist, noch einmal etwas anzupacken und selbst etwas auf die Beine zu stellen.

Bei der zweiten Frau stellen wir das Geld und die finanziellen Möglichkeiten in den Vordergrund. Und zwar so, dass sie es versteht und für realistisch hält.

Sie braucht Informationen, was notwendig ist, damit sie das Zusatzeinkommen erzielt, das sie sich wünscht. Vermutlich werden das nicht mehr als ein paar hundert Euro sein.

Das ist der erste und wichtigste Schritt. Wir sollten ihr aber unbedingt auch zeigen, wie es weitergehen kann und dass es ihr dank unseres Geschäftsmodells möglich ist, sich in kleinen Schritten immer weiter aus der

SUPER SPONSOR SYSTEM

Baustein 1: Menschenkenntnis

Abhängigkeit von ihrem bisherigen Arbeitgeber zu lösen. So erscheint mittelfristig auch die Verwirklichung ihres Traumes realistisch, mehr Zeit für sich und ihre Familie zu haben – und das alles bei einem insgesamt besseren Lebensstandard.

Das Prinzip ist also: Wir geben jedem genau das, was er braucht und sich wünscht.
Denn das ist das Tolle am Network-Marketing: Es bietet eigentlich für jeden verlockende Chancen und Möglichkeiten – die Kunst ist lediglich, sie ihm auch richtig zu erklären.

Das Prinzip: jedem genau das geben, was er braucht und sich wünscht

Wie das für einzelne Menschen unterschiedlicher Motiv- und Interessenslagen funktionieren könnte, erfahren Sie jetzt!

Haben Sie einen BWL-Studenten im Gespräch, für den Ausbildung und Persönlichkeitsentwicklung die größten Ressourcen darstellen, dann erklären Sie ihm doch die hochkarätige Ausbildung in Ihrem Unternehmen und dass Ausbildung mittelfristig immer noch die besten Zinsen einbringt. Erklären Sie ihm, dass MLM die ideale „Kinderstube" dafür ist, sich auf das Berufsleben der heutigen Generation Y (das sind die Wissens- und Lernsüchtigen, die Informationshungrigen, die, die ständig „connected" sind und mit den neuen Medien wie Internet und Social Networks bestens umgehen können, die sich nicht mehr nur an einen Job binden und möglichst frei, flexibel und selbstbestimmt arbeiten wollen)

Möglicher Ansatzpunkt: Ausbildung und Persönlichkeitsentwicklung

Phase 1: Vorbereitung

vorzubereiten und risikolos Erfahrungen in der freien Wirtschaft zu sammeln.

Möglicher Ansatzpunkt: zweites geschäftliches Standbein

Reden Sie mit einem Freiberufler, der ein zweites geschäftliches Standbein zur Existenzsicherung sucht, dann erklären Sie ihm MLM als ideales Existenzsicherungskonzept für Selbstständige! Wir berichten dann von Selbstständigen, die in unserem Partnerunternehmen tätig sind und die in auftragsschwachen Zeiten von ihrem Einkommen aus dem Network-Geschäft bestens leben können.

Möglicher Ansatzpunkt: Incentives und Wettbewerbsreisen

Sollte Ihr Interessent gerne auf Reisen gehen und Urlaub machen, dann stellen Sie ihm die Incentives und Wettbewerbsreisen Ihres Partnerunternehmens für die Besten vor! Durchforsten Sie mit ihm Ihre Firmenzeitung oder ein eigens angelegtes Fotobuch, in dem Sie Ihre Reisen und Erlebnisse dokumentiert haben, und nehmen Sie ihn mit auf einen Trip zu den schönsten Plätzen der Welt. Erklären Sie ihm, dass er die Möglichkeit hat, sein Geschäft von dort zu betreiben, wo andere Leute Urlaub machen!

Möglicher Ansatzpunkt: hohes passives Einkommen

Reden Sie mit einem Unternehmer, der große Zahlen gewohnt ist und fünfstellige Beträge möglichst passiv verdienen möchte, weil er ein fauler Hund ist, dann erklären Sie ihm, wann und mit wie wenig Arbeit er fünfstellige Beträge passiv verdient. Erklären Sie ihm, dass Leute, die selbst arbeiten, keine Zeit zum Geldverdienen haben und nur die, die an der Arbeitsleistung anderer partizipieren, wirklich reich werden.

SUPER SPONSOR SYSTEM

Baustein 1: Menschenkenntnis

Wenn Ihr Gesprächspartner schon in Rente ist und einfach nur unter Leute kommen will, dann erklären Sie ihm, dass es der ideale Zweitjob für Rentner ist, bei dem der Austausch von Lebenserfahrung und der Zusammenhalt einer großen Gemeinschaft die wichtigsten Punkte sind. Jeder hilft jedem, keiner wird alleingelassen und zusätzlich wird die Rente noch ein wenig aufpoliert. Zeigen Sie z. B. Ihrem Interessenten einen Zeitungsartikel, in dem steht, dass Rentner, die viel erleben und geschäftlich aktiv sind, wesentlich zufriedener sind als andere.

Möglicher Ansatzpunkt: soziale Integration

Wenn Ihr Gesprächspartner äußert, Millionär werden zu wollen, dann rechnen Sie ihm vor, wie er die Million verdienen kann, und dann sagen Sie ihm, dass die Chance, Millionär zu werden, im MLM sehr groß ist. Denn Network-Marketing hat wahrscheinlich im Verhältnis zu anderen Branchen bisher die meisten Millionäre hervorgebracht. Nennen Sie ihm Beispiele aus Ihrem Unternehmen.

Möglicher Ansatzpunkt: die Chance, Millionär zu werden

Sollte es das Lebensziel Ihres Interessenten sein, so viel wie möglich Gutes zu tun, sich sozial zu engagieren und andere Menschen bei ihrer positiven Entwicklung zu unterstützen, dann berichten Sie von den sozialen und wohltätigen Projekten oder auch von Einzelpersonen, Sportlern oder Kindern, die von Ihrer Firma unterstützt und gefördert werden.

Möglicher Ansatzpunkt: der karitative Aspekt

Ist Ihr Interessent ein Autonarr, dann erklären Sie ihm das Autoprogramm Ihrer Company und die Chance, einmal

Möglicher Ansatzpunkt: Traumautos

Phase 1: Vorbereitung

eine Luxuskarosse zu Sonderkonditionen oder vielleicht sogar umsonst zu fahren. Lassen Sie ihn sich seinen Traumwagen aussuchen und errechnen Sie zusammen genau, was er tun muss, um diesen Wagen zu besitzen.

Sicherlich merken Sie schon, wohin die Reise geht. Man könnte die Liste noch um einige Punkte erweitern und fortführen, aber wir sind uns sicher, Ihnen ist jetzt schon ein wenig klarer geworden, worum es geht.

Ziel: ein maßgeschneidertes Gespräch, abgestimmt auf die Bedürfnisse, Interessen und Motive Ihres Gegenübers

Ziel ist es, ein maßgeschneidertes Gespräch zu führen, abgestimmt auf die Bedürfnisse, Interessen und Motive Ihres Gegenübers.

An dieser Stelle möchten wir noch anmerken, dass Sie durchaus auch über alle anderen Vorzüge Ihrer Geschäftsidee oder der geschäftlichen Zusammenarbeit reden können. Allerdings sollte die Gewichtung stimmen, das heißt, reden Sie über die Punkte am ausführlichsten, die Ihren Interessenten am meisten interessieren.

Das ist die oberste Liga beim Sponsern und Rekrutieren im persönlichen Zweiergespräch!

Baustein 1: Menschenkenntnis

DAS WICHTIGSTE IN KÜRZE

1. Der erfolgreiche Networker zeichnet sich durch ein hohes Maß an empathischer und emotionaler Intelligenz aus.

2. Er ist ein moderner Menschenexperte, oder mehr noch, er ist ein „Menschenfischer" im positiven Sinne.

3. Er beschäftigt sich mit dem, was Menschen antreibt. Mit Motiven, Wertesystemen, Träumen, Sehnsüchten, aber auch mit den Ängsten und Sorgen! Denn dort liegen die Triebfedern eines jeglichen Tuns und damit auch die Stellschrauben, die es zu finden gilt, um Menschen für sich zu gewinnen, weil sie es selbst wollen.

4. Die entscheidenden Fragen im Umgang mit Interessenten sind:
   - Was hat der jeweilige Mensch für eine Bedürfnislage?
   - Was motiviert ihn?
   - Wo liegen seine Sehnsüchte?
   - Wovon träumt er?
   - Wovor hat er Angst im Leben?
   - Was will er, und was will er nicht?

   Die Antworten darauf gilt es durch geeignete Fragetechniken herauszufinden und dann bei der Gesprächsführung / Argumentation zu nutzen.

Phase 1: Vorbereitung

5 Die Vorgehensweise folgt also dem Schema:
- Informationen sammeln
- Fingerspitzengefühl entwickeln
- die Bedürfnislage herausfinden, um sie dann nutzen zu können.

Baustein 1: Menschenkenntnis

DIE SEITE FÜR SIE:
10 GOLDENE REGELN FÜR NETWORKER

**Wir halten fest: Ein erfolgreicher Networker muss immer ein „Menschenexperte" sein.
Damit auch Sie das werden, ist es das Beste, wenn Sie die nachstehenden „goldenen Regeln" beherzigen:**

1. Lernen Sie die Menschen lieben, und zwar ohne Vorbehalte. Versuchen Sie nicht zu urteilen oder zu werten, denn Annahmen verändern die Wirklichkeit.

2. Ihre eigene Meinung ist unwichtig! Interessieren Sie sich wahrhaftig für Ihre Interessenten!

3. Lernen Sie, anderen möglichst viele Fragen zu stellen und gut hinzuhören. Wir alle reden viel zu viel von uns selbst und ignorieren die Meinungen der anderen allzu oft.

4. Nehmen Sie aktiv am Leben teil und lernen Sie neue Freunde zu gewinnen.

5. Alle sind gut, so wie sie sind.

6. Werden Sie ein „Menschenmagnet" und lernen Sie sich selbst wahrzunehmen. Stellen Sie sich die Frage: Ziehe ich andere Menschen an, oder stoße ich sie vielleicht sogar ab?

Phase 1: Vorbereitung

7 Lernen Sie das Positive an Ihren Mitmenschen zu sehen, und konzentrieren Sie sich ausschließlich darauf, nicht auf deren Schwächen oder Defizite.

8 Werden Sie im positiven Sinne ein „Menschenfischer", halten Sie Augen und Ohren offen und nehmen Sie mit Interesse am Leben der anderen teil!

9 Finden Sie heraus, was Menschen antreibt. Beschäftigen Sie sich mit Motiven, Ängsten, Sehnsüchten und Wünschen Ihrer Mitmenschen.

10 Lernen Sie, Menschen zusammenzubringen und ein Team zu bauen. Einzelkämpfer sind schwach und anfällig, Teams und Gemeinschaften sind unheimlich stark und können Großes bewegen.

PHASE 1: VORBEREITUNG

Baustein 2: Profiling

Phase 1: Vorbereitung

a) Zielsetzung

Bei unserem nächsten Baustein muss sich die gerade besprochene Menschenkenntnis zum ersten Mal bewähren.

Alle Informationen über den Kandidaten zusammentragen und sich ein Bild von ihm machen

Wir legen nun ein Profil unseres Kandidaten an. Das heißt, wir tragen alle Informationen zusammen, die wir in dieser Phase bereits über ihn haben oder bekommen können, und machen uns auf diese Weise ein möglichst vollständiges Bild von ihm. Man könnte diese Arbeit auch mit der eines Haedhunters vergleichen, der verschiedene Kandidaten unter die Lupe nimmt, um seinem Auftraggeber, in der Regel sind das Wirtschaftsunternehmen, die passenden Leute für die zu besetzenden Stellen zu liefern!

Es ist dringend erforderlich, dieses Profil schriftlich niederzulegen – je nach Ihrer bevorzugten Arbeitsweise auf Papier oder in einer Datei auf Ihrem Rechner (einen Vorschlag, wie das Kandidatenprofil aufgebaut sein könnte, finden Sie ab Seite 79).

Das Profil ist eine Voraussetzung für die richtige und erfolgreiche Gesprächsführung

Das Profil wiederum ist die Grundlage für unsere Vorbereitung auf das persönliche Gespräch mit dem Interessenten. Je besser wir hier gearbeitet haben, desto konkreter wissen wir dann, in welche Richtung wir das Gespräch lenken sollen, welche Fragen wir dort stellen und welche Argumente wir bringen müssen.

Es geht sogar noch um Grundlegenderes: Denken sie daran, dass selbst die Smalltalk-Themen für die „Aufwärm-

SUPER SPONSOR SYSTEM
Baustein 2: Profiling

phase" des Gesprächs und, so weit möglich, auch unsere Art zu sprechen den Interessen unseres Gegenübers angepasst werden sollten.

Mit einem Akademiker müssen wir ganz anders sprechen als mit jemandem, der auf dem Bau arbeitet, die Interessen einer Öko-Mutti mit drei Kindern werden ganz woanders liegen als die eines Harley-Davidson-Einzelgängers.

Stellen Sie sich etwa einen jungen, männlichen, karriereorientierten und extrovertierten BWL-Studenten vor. Einen Menschen, der es gewohnt ist, sich durchzusetzen und mit anderen in Wettbewerb zu treten. Der international arbeiten will und auf Statussymbole steht. Für ihn wäre wahrscheinlich eine Präsentation geeignet, in der Sie von den unbegrenzten Verdienstmöglichkeiten berichten, von weltweiten Incen-

Jetzt nehmen wir unseren Kandidaten unter die Lupe!

Phase 1: Vorbereitung

tives, von internationalem Businessbuilding und davon, das die Besten ihres Partnerunternehmens Luxusautos der unterschiedlichsten Marken fahren.

Das Kandidatenprofil ermöglicht die Wahl der richtigen Gewinnungsstrategie

Wenn Sie nun auf der anderen Seite eine junge, introvertierte Mutti haben, die noch in der Babypause steckt, dann wäre es clever, hier einen komplett anderen Gesprächstenor einzusetzen. Falls Sie ihr nämlich die Dinge präsentieren, mit denen Sie den jungen BWLer begeistert haben, ist die Wahrscheinlichkeit groß, dass das Gespräch sehr kurz ausfällt. All das, was die Studentenaugen zum Leuchten brachte, wird für sie höchst abstoßend wirken und keinerlei Eindruck auf sie machen.

Hier wäre es vielleicht eher angebracht, von 200 bis 400 Euro Zusatzeinkommen zu berichten, die man sich ganz stressfrei und ohne Druck dazuverdienen kann. Was die junge Mutti vielleicht sogar noch mehr interessieren wird, ist, dass Sie ein großes Team aus ganz vielen netten Menschen sind, die sich alle gegenseitig helfen und unterstützen. Sie wird es super finden, dass in Ihrer Firma keiner alleingelassen wird, dass man das Geschäft ausschließlich „vor der Haustür" praktiziert und dass es bei Ihnen sehr menschlich zugeht. Zu guter Letzt wird sie sicher den Kleinwagen Ihres Autoprogramms wesentlich lieber mögen als den protzigen Luxusschlitten von irgendeinem MLM-Supermacho.

Weiterhin ist das Kandidatenprofil für Sie auch längerfristig von strategischer Bedeutung! Deswegen sollte es stets aktuell gehalten werden.

Baustein 2: Profiling

Denn es gibt ja den schönen Spruch: „Jeder ist rekrutierbar, aber nicht von jedem und zu jeder Zeit."

Zumindest was die Zeit angeht, könnte es ja sein, dass Sie beim ersten Versuch im Sponsorgespräch „noch nicht" erfolgreich sind, dass Sie aber trotzdem den Eindruck gewinnen, der Kandidat könnte langfristig aussichtsreich sein. Hier kann das Profil zu einem guten Hilfsmittel für eine „lebensbegleitende Gewinnungsstrategie" werden.

Das Kandidatenprofil als Tool für eine langfristige Gewinnungsstrategie

Halten Sie darin bestimmte Stärken, Schwächen, Interessen oder Informationen aus dem Umfeld des Interessenten fest, beobachten Sie ihn sorgfältig und entscheiden Sie aufgrund dessen, wann und mit welchem Fokus Sie sich wieder bei ihm melden. Oder, ganz einfach ausgedrückt, warten Sie einen besseren Zeitpunkt ab, um ein weiteres Gespräch zu platzieren!

Phase 1: Vorbereitung

b) Der erste Eindruck ist entscheidend

Diese Informationsquellen können Sie jetzt schon „anzapfen"

Bisher haben wir folgende Informationsquellen zu unserem Kandidaten:
1. unseren ersten Eindruck vom Erstkontakt (meistens ein Direktkontakt)
2. Informationen, die wir über Dritte bekommen haben oder bekommen können (über Empfehlungsgeber)
3. Spuren, die unser Kandidat im Internet hinterlassen hat.

Für uns als Recruiter sind alle drei Quellen hochinteressant. Allerdings sprudelt Nummer zwei meistens nur dann, wenn der Kandidat von jemandem empfohlen wurde.

Die Empfehlungsstrategie: ein Weg, wie man über Dritte hochwertige Infos zu seinem Kandidaten bekommen kann

Genau das ist eines von vielen guten Argumenten, die klassische Empfehlungsstrategie anzuwenden: Man fragt bei der Produkt-/Geschäftspräsentation proaktiv nach weiteren Interessenten. Der Empfehlungsgeber ist dann in der Regel derjenige, der uns zusätzliche und detailliertere Infos zum Empfohlenen geben kann.
Auch hier gilt die Devise: Je mehr Infos man vom Empfehlungsgeber über den Empfohlenen bekommt, desto leichter gelingt es, diesen dann auch zu terminieren, weil man sich entsprechend auf das Telefonat vorbereiten und auf den Kandidaten eingehen kann.

Wenn man einen Menschen dagegen per Direktkontakt anspricht, dauert das Gespräch meistens nur wenige

SUPER SPONSOR SYSTEM

Baustein 2: Profiling

Augenblicke oder ein paar Minuten. Möglicherweise haben Sie mit ihm lediglich ein paar Worte gewechselt. Trotzdem sollte es dem, der aufmerksam ist und die oben besprochene Menschenkenntnis besitzt, schon aufgrund dieses kurzen Zusammentreffens gelingen, ziemlich weitreichende Schlüsse über den anderen zu ziehen: über seinen Charakter, seine Lebenseinstellung, seine Stärken und Schwächen, unter Umständen über seine berufliche und private Situation.

Zusätzlich zu beachten ist dabei allerdings Folgendes: Nicht nur wir als Recruiter oder Kontakter nehmen eine Einschätzung des Angesprochenen vor, sondern dieser tut dasselbe mit uns. Meistens nicht bewusst wie wir als Profis, aber unbewusst in jedem Fall. Es geschieht einfach – ob man will oder nicht. Denn jeder Mensch, der einem anderen zum ersten Mal begegnet, nimmt intuitiv ein solche Einschätzung vor!
Diese Einschätzung wird dann bei jedem neuen Zusammentreffen sozusagen unterbewusst aktualisiert.

Bei jedem Zusammentreffen von Menschen wird unbewusst eine gegenseitige Einschätzung vorgenommen

Der springende Punkt: Der beschriebene Vorgang ist ausschlaggebend dafür, ob uns der andere sympathisch ist, ob wir „mit ihm können" – und umgekehrt!

Die erste Einschätzung entscheidet über „sympathisch" oder „nicht sympathisch"!

Der erste Eindruck hat aber auch noch einen ganz anderen, sehr wichtigen Aspekt, den wir uns in allen Phasen der Geschäftspartnergewinnung bewusst machen und ihn genau im Auge behalten müssen, denn er entscheidet wesentlich mit über unseren Erfolg: Bei jedem

SUPER SPONSOR SYSTEM

Phase 1: Vorbereitung

Bei jedem Zusammentreffen von Menschen geht es auch um Status

Zusammentreffen von Menschen wird Status „verhandelt". Das heißt: In dem Moment, in dem wir jemand anderem gegenübertreten, entscheidet sich in Sekundenbruchteilen, wer sich überlegen fühlen darf und wer sich unterlegen fühlt.

Ein ganz plakatives Beispiel: Wenn unser Kandidat in einem tadellosen neuen Anzug aus einem Porsche aussteigt, wird es für Sie nicht ganz so leicht sein, einen hohen Status zu wahren. Es sei denn, Sie steigen aus einem Bentley aus ... ☺!

Bei dieser Statuskommunikation spielen jedoch neben den sofort sichtbaren Äußerlichkeiten viel subtilere Faktoren eine Rolle – und zwar meist noch eine viel größere. Das kann die Körperhaltung sein, der Tonfall, die Art zu sprechen oder sich zu bewegen. Allein eine Handbewegung reicht aus, um unmissverständlich zu kommunizieren, wer der „Herr im Ring" ist.

Status wird bei jedem Zusammentreffen frisch „verhandelt"

Und: Der Status ist nicht für alle Zeiten in Stein gemeißelt. Wenn auch das erste Zusammentreffen immer einen besonders starken Eindruck hinterlässt, findet doch bei jeder neuen Begegnung die instinktive gegenseitige Einschätzung neu statt. Status wird immer wieder frisch „verhandelt".

Zurück zum Erstkontakt: Wir können also schon durch schnelle Einschätzung von unserem Gegenüber ein recht plastisches Bild gewinnen. Zwar gibt es immer ein „Restrisiko", dass man damit in Teilen nicht richtig liegt oder sich täuscht. Trotzdem hat der echte Menschenexperte immer eine sehr große Wahrscheinlichkeit auf seiner Seite.

Baustein 2: Profiling

c) Schlüsse aufgrund des ersten Eindrucks

Damit wir das Kandidatenprofil schon aufgrund des Erstkontakts mit aussagekräftigen Merkmalen füllen können, sollten wir dabei bewusst auf folgende Punkte achten:

1. Kleidung und Accessoires
2. Fahrzeug
3. Habitus und Körpersprache
4. Verhalten im Gespräch, Sprechweise.

Kleidung und Accessoires

Es liegt auf der Hand, dass sich aus der Kleidung und den Accessoires, die unser Kandidat trägt, bereits wertvolle Schlüsse ziehen lassen.

Man erhält hier schon erste Hinweise auf die wirtschaftliche Situation – allerdings ist auch dabei nicht alles so, wie es auf den ersten Blick scheint. Denn abgetragene Kleidung muss nicht notwendig darauf hindeuten, dass jemand sich nichts anderes leisten kann – es kann sich auch um einen Mode-Verweigerer handeln, dem Kleidung prinzipiell egal ist. Auf der anderen Seite kann der neue, teure Anzug gerade zu einem bestimmten Anlass gekauft worden sein.

Wichtiger ist daher, was die Kleidung über die Lebenseinstellung eines Menschen verrät.

Kleidung lässt Schlüsse auf die Lebenseinstellung zu

Jemand, der im nagelneuen Markenanzug mit frisch gebundener Krawatte auftritt und eine Rolex-Uhr trägt, dokumentiert damit auf jeden Fall, dass er Ansprüche an das Leben hat. Es ist der Typ, der vermutlich erwarten wird, dass er eine Tiefgarage vorfindet, wenn er ins Büro fährt.

SUPER SPONSOR SYSTEM

Phase 1: Vorbereitung

Wer dagegen lässig und sportlich gekleidet ist, wird bei seinen Ansprüchen andere Prioritäten setzen. Er wird vermutlich glücklicher sein, wenn er mit dem Rennrad ins Büro fahren kann.

Besonders auffällige Kleidung dürfte ein Zeichen sein, dass Sie es mit einem extrovertierten Menschen zu tun haben, während umgekehrt die sprichwörtliche „graue Maus" eine Person ist, die vermutlich keinen Wert darauf legt, von ihrer Umgebung wahrgenommen zu werden.

Auch kleine Details der Kleidung können aussagekräftig sein

Für diese Ersteinschätzung ist es vorteilhaft, wenn Sie in der Lage sind, auf den ersten Blick zwischen Markenkleidung und billiger Massenware zu unterscheiden, und die aktuellen Modeströmungen beobachten. Aber im Allgemeinen genügt ein Blick auf den Stil und auf den Zustand der Kleidung. Der erfahrene Networker achtet hier selbst auf kleinste Details, um sich ein Bild über seinen Interessenten zu machen:

Gürtel

- In welchem Loch wird der Gürtel geschlossen? Falls das Loch eher länglich und schon ausgeleiert ist, deutet das darauf hin, dass immer derselbe Gürtel getragen wird und dass es möglicherweise der einzige ist!

Krawatte

- Wie sitzt die Krawatte, wird der Knoten täglich neu gebunden, oder wird er immer am Abend aufgezogen? Bei Menschen, die nur eine oder wenige Krawatten besitzen oder aus Berufen kommen, in denen nur „ungerne" Krawatten getragen werden, ist oft zu beobachten, dass der Krawattenknoten nicht geöffnet und deswegen nach einiger Zeit etwas speckig wird.

- Wie ist es um die Sauberkeit der Schuhe bestellt? Sind sie geputzt, wie sehen die Absätze aus? Man sagt ja, dass man den Charakter eines Menschen an den Schuhen ablesen kann. Vor allem der Blick auf die Absätze offenbart Interessantes. Im 45-Grad-Winkel abgelaufene Absätze deuten auf Menschen hin, die sehr viel unterwegs sind. Und darauf, dass sie keine zehn Euro übrig haben, um sich neue Absätze ankleben zu lassen – oder aber keine Zeit dafür. **Schuhe**

- Wie ist das Hemd gebügelt? Der Kenner merkt an der Qualität der Bügelfalten recht schnell, ob jemand seine Hemden selbst bügelt oder ob er eine Reinigung damit beauftragt! Im zweiten Falle ist anzunehmen, das es ihm gut geht und er es sich leisten kann. Menschen, die nicht so gut verdienen, bügeln meistens selbst, weil ihnen das Geld zu schade ist. **Hemd**

- Wie sehen Saum und Bündchen von Kleidungsstücken aus? Selbst an topsauberen Textilien erkennt man sehr schnell, ob sie oft getragen werden. Wer nur ein Hemd besitzt und dieses oft anhat, bei dem wird man an Manschetten und stark beanspruchten Stellen wie dem Ellenbogenbereich bald Verschleiß erkennen! **Saum und Bündchen**

Phase 1: Vorbereitung

„Glanz" beim Anzug
- Welchen „Glanz" hat ein Anzug? Wird ein Anzug sehr bzw. zu oft getragen, entsteht oftmals ein speckiger Glanz an bestimmten Stellen. Bei Anzügen von hoher Qualität ist das nicht so oft zu beobachten wie bei billiger Ware.

Sitzfalten der Hose
- Hat die Anzughose viele Sitzfalten im Kniebereich? Wenn dies der Fall ist, deutet das unter Umständen darauf hin, dass der Träger mehr Zeit im Auto und mit Ein- und Aussteigen verbringt als mit anderen Dingen!

Schweißränder
- Hat die Kleidung eventuell Schweißränder? Dann ist auf einen Menschen zu schließen, dem Hygiene entweder nicht so wichtig ist oder der lange keine Möglichkeit hatte, die Sachen zu wechseln.

Frische oder ausgewaschene Farben
- Sind die Farben frisch, oder eher schon ausgewaschen? Neue Kleidung ist in der Regel an den Farben zu erkennen. Menschen, die etwas auf sich halten, tragen keine ausgewaschenen Kleidungsstücke!

Fahrzeug

Falls Sie das Fahrzeug Ihres Gegenübers zu Gesicht bekommen, lassen sich nach denselben Schemata wie bei der Kleidung aussagekräftige Schlüsse ziehen.

Der Spruch, der für die Schuhe gilt, hat auch oft beim Auto seine Berechtigung.

Baustein 2: Profiling

Habitus und Körpersprache

Die Körpersprache eines Menschen sagt – das ist altbekannt – oft mehr aus als Worte. Anders ausgedrückt bedeutet das, dass sich ein Mensch mit Worten verstellen, schauspielern oder sogar schwindeln kann – sein Körper aber, und da sind sich alle Profis und Fachleute einig, lügt nie! Haltung, Ausdruck der Augen, unwillkürliche Handbewegungen etc. kann niemand vollständig kontrollieren. Deswegen wird man mit einem geübten Auge immer bemerken, ob das, was ein Mensch sagt, zu seiner Körpersprache passt, ob es kongruent ist und sich deckt. Oder aber, ob es sich widerspricht.

Die Körpersprache lügt nie!

Deswegen zahlt es sich aus, wenn Sie gerade in diesem Punkt besonders aufmerksam beobachten.

Folgende Punkte verdienen dabei vor allem Beachtung:
- Wie bewegt sich Ihr Gegenüber?
- Wie ist sein Gang? Dynamisch, müde oder auf eine bewusste Weise würdevoll-langsam?
- Bewegt er sich bewusst diszipliniert oder elegant? Oder macht er schon mit seiner Haltung und Gangart deutlich, dass ihm alles egal ist?
- Wie sieht der jeweilige Mensch Sie an? Die Augen sind das Schaufenster der Seele. Blicken sie interessiert oder gleichgültig?
- Hat er aufmerksame oder melancholische Augen?
- Hält er Blickkontakt oder fällt es ihm schwer?
- Wie sieht es mit der Körperpflege aus?
- Wirkt er ruhig, nervös, ausgeglichen, gestresst?

Darauf sollten sie besonders achten

Phase 1: Vorbereitung

Langsame Bewegungen kommunizieren einen hohen Status

Für die Statuskommunikation spielt dabei vor allem die Geschwindigkeit der Bewegungen eine Rolle. Es gilt das Prinzip: Wer einen hohen Status hat, hat Hektik nicht nötig. Er „kann es sich leisten", sich ruhig, bewusst und langsam zu bewegen.

Verhalten im Gespräch, Sprechweise

Nicht ganz so schnell wie bei Kleidung und Körpersprache, aber auch schon nach einem kurzen Dialog, bekommen Sie einen ersten Eindruck vom Gesprächsverhalten und der Sprechweise Ihres Gegenübers, was ebenfalls wertvolle Schlüsse zulässt – vor allem aber erlaubt es

Das Gesprächsverhalten sagt viel über die Fähigkeiten eines Menschen als (künftiger) Recruiter/Verkäufer aus!

schon eine erste Einschätzung, wie er sich zukünftig als Networker beim Empfehlen und Verkaufen von Produkten beziehungsweise beim Anwerben neuer Partner machen könnte. Denn gutes Kommunikationsvermögen ist ja bekanntlich eine der wichtigsten Fähigkeiten im Network!

Auch Schlüsse aus telefonischen Kontaktaufnahmen sind möglich

Das Schönste an der Sache: Hier macht Ihnen – entsprechende Aufmerksamkeit vorausgesetzt – schon ein telefonischer Kontakt weitreichende Folgerungen möglich.

Hier wiederum Ihre Checkliste:
- In welcher Tonlage und Geschwindigkeit spricht Ihr Gegenüber? (Dieser Punkt hat wieder Bedeutung für die Statuskommunikation: Tiefe Tonlage und langsame Sprache vermitteln unwillkürlich hohen Status!)
- Redet er schnell und viel?

Baustein 2: Profiling

- Lässt er auch Sie reden? Oder unterbricht er Sie vielleicht sogar?
- Fragt Ihr Gegenüber viel nach?
- Wirkt er kritisch / skeptisch?
- Kann er geschliffen argumentieren oder wirkt er eher „einfach gestrickt"?

All das ist für Sie einerseits wichtig, wenn Sie Ihren Interessenten einschätzen wollen. Ebenso gilt aber auch hier wieder: Achten Sie im Interesse der Statuskommunikation ebenso auf Ihr eigenes Verhalten in all diesen Punkten! Man unterstellt zum Beispiel Menschen, die sich „um Kopf und Kragen quatschen", eine gewisse Unsicherheit, die durch viele Worte kaschiert werden soll. Andererseits wirken Menschen, die „in sich ruhen" und auch entsprechend reden, sehr souverän und seriös!

Auch auf das eigene Gesprächsverhalten achten

d) Die Online-Recherche zu Ihrem Kandidaten

Über eine deutliche Mehrheit der Menschen, die Sie kennen(lernen), werden Sie etwas im Internet herausfinden können – Tendenz ständig steigend! Deswegen wird diese Informationsquelle für Sie in einer ganzen Reihe von Fällen die ergiebigste sein, die Sie in dieser Vorbereitungsphase heranziehen können.

Es lohnt sich also auf jeden Fall, hier etwas mehr Zeit zu investieren bzw., sollten Sie mit dieser Thematik noch nicht so vertraut sein, sich intensiv damit zu befassen.

Die Online-Recherche ist in dieser Phase eine sehr ergiebige Informationsquelle

SUPER SPONSOR SYSTEM

Baustein 2: Profiling

DAS SCHEMA FÜR IHRE ONLINE-RECHERCHE

1. **Online auffindbar?** (Google erste drei Seiten, Bildersuche, Videos)
2. **Online aktiv oder nicht?** (Einträge aktuell oder alt)
3. **In welchen Netzwerken?** (VZ, XING, FB, WKW, Twitter, LinkedIn, Google + etc.)
4. **Angestellter oder Unternehmer?** (Handelsregistereinträge etc.)
5. **Spuren im Netz?** (Bilder, Blogeinträge, Videos, Klassenfotos, Geschäftsadressen, Vita etc.)
6. **XING?** (beruflicher Werdegang, Über-mich-Seite, Lebenslauf etc.)
7. **Facebook?** (Interessen, Hobbys, wahres Gesicht, Pinnwandkommunikation – was und mit wem? –, Grundtenor der Gespräche – gestresst, immer positiv, sendet Botschaften, welche Anwendungen, Spiele nutzt er? –, Arbeitgeber, Hochschulen, religiöse Ansichten, Werte, Persönlichkeit, Partei/politische Einstellung, Wirtschaft, Umwelt, Familie, Zitate – Rebell, Philosoph etc.? –, Kunst und Unterhaltung – Werte? –, Persönlichkeitstyp – kurzweilig, philosophisch, Ego? –, Lieblingsbücher, Filme – Action, Komödie, Horror? – etc.)
8. **Kontaktnetzwerk?** (Größe, Wertigkeit etc.)
9. **Familienstand?** (Verlinkung mit Familie oder nicht, Bilder etc.)
10. **Einstufung in persönliches Ranking** (A, AA, AAA)

WWW.2BEKNOWN.DE

Phase 1: Vorbereitung

Die Google-Suche

Der erste Schritt ist, dass Sie den Namen Ihres neuen Kontakts erst einmal googeln. Allein die Standardsuche des Namens bringt bei vielen Menschen schon erste Ergebnisse.

Dabei gilt: Je mehr Informationen Sie bereits zu Ihrem Kontakt haben, desto leichter wird es auch, bei Google entsprechende Infos zu finden. Allein die Ergänzung des Nachnamens durch den Vornamen, den möglichen Wohnort oder den Beruf bringen Treffer, die um ein Vielfaches genauer sind. Wenn Sie noch die Adresse, E-Mail-Adresse oder zumindest die Telefonnummer hinzufügen können, dann erwischen Sie mit an Sicherheit grenzender Wahrscheinlichkeit auch Einträge bzw. Informationen, die konkret Ihren Kandidaten betreffen.

Auch die Nutzung der „erweiterten Suche" von Google kann Ihre Recherche zielgenauer machen.

Die Google-Suche verfeinern: Nutzen Sie alle Informationen, die Sie bereits haben!

Wir empfehlen folgende Vorgehensweise: Sobald Sie die Suche so weit verfeinert haben, dass sie brauchbare Ergebnisse liefert, sollten Sie die ersten drei Seiten der Websuche auswerten.

Evtl. Homepage des Kandidaten

Ideal für die Informationsbeschaffung ist es, wenn Sie eine Homepage Ihres Kandidaten finden. Allerdings müssen Sie in diesem Fall berücksichtigen, dass er sich dort zu einem bestimmten Zweck in einer bestimmten Art und Weise präsentiert, und müssen gerade dann immer noch andere, möglichst „unabhängige" Quellen hinzuziehen.

Baustein 2: Profiling

Nach Ihrer Google-Web-Suche sollten Sie den gleichen Vorgang mit der Bilder- und Videosuche wiederholen.

Jetzt wird es oft erst richtig interessant, denn die Bildmedien lassen immer wieder Schlüsse auf sehr interessante private Details zu.

Bilder- und Videosuche

Wenn Sie Ihren Kandidaten dort etwa im „Doppelporträt" mit seinem Hund sehen und Sie haben selbst auch einen Vierbeiner daheim, dann gibt es schon einen ausgezeichneten Anknüpfungspunkt für ein künftiges Gespräch. Ähnliches könnte z. B. für sportliche Aktivitäten gelten, die Ihr Kontakt auf einem Video festgehalten hat.

Beginnen Sie einfach mit der Suche – der Rest ergibt sich meistens ganz von selbst!

Ist Ihr Kandidat online aktiv oder nicht?

Von Interesse ist bei jedem Treffer, wie aktuell er ist. Sie sollten daher bei allem, was die Suche zutage fördert, auf das Alter der Beiträge achten. Auf diese Weise bekommen Sie auch einen Eindruck, inwieweit Ihr Kontakt kontinuierlich online aktiv ist.

Auf das Alter von Internetbeiträgen achten

Angestellter oder Firmeninhaber?

Wenn Sie beim Erstkontakt oder bei der bisherigen Online-Recherche schon Details über Beruf und Karriere herausgefunden haben, sollten Sie dem unbedingt weiter nachgehen. Stöbern Sie auf der Homepage seiner Firma, versuchen Sie Näheres in Erfahrung zu bringen, welche Position er dort bekleidet. Vielleicht ist er ja auch Inhaber oder Mitinhaber einer Firma?

Phase 1: Vorbereitung

Informationsquellen zu Firmen(mit)-inhabern: Impressum, Kontaktinfo, Handelsregister

Diese Informationen erhält man oftmals recht schnell, wenn man das Impressum oder die Kontaktinfos zu einer Homepage aufruft.

Zu dem gleichen Zweck können unter anderem Internetseiten hilfreich sein, auf denen Handelsregistereintragungen zu finden sind.

Spuren im Netz

Blogs und Foreneinträge sind oft besonders ehrlich!

Besonders interessant wird die Online-Recherche, wenn Ihr Kontakt Blogs, Foreneinträge und Ähnliches verfasst hat.
In solchen Medien gibt er unter Umständen viel Persönliches über sich und seine Einstellung preis, an dem Sie in einem späteren Gespräch anknüpfen können. In Foren äußern sich Menschen oftmals sehr direkt und nehmen kein Blatt vor den Mund.

Ein oft zu beobachtendes Phänomen ist es, dass Menschen im Internet bestimmte Neigungen oder einen gewissen Status ausleben, den sie im wahren Leben nicht haben, aber gerne besitzen möchten. Wir machen häufig die Erfahrung, dass im Netz jeder ein kleiner „großer Experte" sein kann und dass dort nicht selten Menschen Kommentare abgeben, die sich das im wirklichen Leben niemals getrauen würden.

Daher erkennt man oft auch in Threads (Schriftwechseln) der Foren die wahren Intentionen oder auch Charaktere von Menschen.

Baustein 2: Profiling

Vielleicht hat sich Ihr Kandidat auch in einer der gängigen Verbrauchercommunitys zu Wort gemeldet (googeln Sie einfach einmal). Das gäbe Ihnen einen Überblick, für welche Produkte und Dienstleistungen er sich interessiert und nach welchen Kriterien er sie bewertet.

Hierbei ist zu beachten, das in solchen Communitys oft auch Spitz- oder Nicknamen verwendet werden.

Äußerungen in Verbrauchercommunitys

Phase 1: Vorbereitung

e) Aktivität in Kontaktnetzwerken

Richtig spannend wird die Sache, wenn Ihr Kandidat in einem oder mehreren Internet-Kontaktnetzwerken aktiv ist, wie Facebook, MySpace, XING, LinkedIn oder auch Google plus.

Recherche

Mitgliedschaft in den wichtigsten Netzwerken ist „Pflicht" für Sie!

Sie als Networker oder Vertriebler sollten ohnehin in den wichtigsten dieser Netzwerke aktiv sein – weil sie einfach ein geniales Tool zur Partnergewinnung sind und weil in Zukunft immer mehr Menschen auch Sie ganz selbstverständlich hier suchen werden. Zudem bieten die Netzwerke eine hervorragende Möglichkeit zur Pflege bestehender Kontakte.

Nur als Mitglied in den Netzwerken können Sie auch wirklich effektiv dort Recherchen betreiben. Zwar werden unter bestimmten Umständen gewisse Inhalte einiger Netzwerke auch Nichtmitgliedern angezeigt – doch auf diese Weise werden Sie nie ergiebig Informationen sammeln können.

Wichtig ist gerade unter dem Gesichtspunkt der Recherche auch, dass Sie in mehreren Netzwerken aktiv sind. Nicht nur weil sich damit die Wahrscheinlichkeit vergrößert, dass Sie Ihren Kandidaten dort irgendwo aufspüren können. Denn auch er könnte in mehreren Netzwerken gleichzeitig aktiv sein, und wenn Sie beispielsweise nur in dem Business-Netzwerk XING sein Profil besuchen, lernen Sie ihn nur von seiner „geschäftlichen Seite"

Baustein 2: Profiling

kennen. Wenn Sie ihn aber dann gleich noch auf Facebook aufsuchen, wo er vielleicht einmal richtig „die Sau rauslässt", werden Sie ihn möglicherweise mit ganz anderen Augen sehen.

Es gibt einen Spruch, der etwas plakativ, aber im Kern bei vielen zutreffend ist: „Auf XING zeigen sich die Leute, wie sie geschäftlich wahrgenommen werden möchten, denn hier präsentiert sich jeder, so gut er kann – auf Facebook lernt man sie kennen, wie sie wirklich sind." Erst wenn Sie beide Seiten dieser Medaille lesen lernen, dann erhalten Sie ein vollständiges Bild für Ihr Kandidatenprofil.

... auf Facebook lernt man die Menschen kennen, wie sie wirklich sind

Eine gute Devise ist es, dass Sie zumindest in Facebook als dem derzeit weltweit größten Kontaktnetzwerk sowie in XING als dem wichtigsten deutschen Business-Netzwerk aktiv sind. Das ist das „Pflichtprogramm"!
Weitere, speziellere Netzwerke (z. B. für Schüler, Studenten und Akademiker) können je nach Ihrer Zielgruppe ebenfalls eine wichtige Rolle spielen.

Freundschaftsanfrage

Wenn Sie die gesamten Profilinformationen Ihres Kandidaten studieren wollen, kann es unter Umständen notwendig sein, ihm eine Freundschaftsanfrage zu senden – denn bekanntlich lassen sich manche Nutzer nicht von allen in ihr gesamtes Profil schauen, sondern verbergen mittels Privatsphäre-Einstellungen Teile davon.

Viele Leute versenden Kontakt- oder Freundschaftsanfragen heutzutage kommentarlos. Allerdings macht es gerade in Ihrem Fall durchaus Sinn, ein paar nette Worte

Freundschaftsanfrage immer mit einer Nachricht kombinieren

Phase 1: Vorbereitung

dazuzuschreiben, sich in Erinnerung zu bringen oder aber sich mittels einer kurzen Nachricht anzukündigen. Hier können Sie auch anklingen lassen, dass Sie sich bereits auf das Gespräch freuen, das Sie mit Ihrem Kandidaten in Kürze führen wollen. Das ist wesentlich persönlicher, als die Anfrage kommentarlos zu senden.

Bitte keine (voreilige) Werbung!

Bitte fallen Sie bei dieser Gelegenheit aber nicht mit der Tür ins Haus! Wenn Sie an dieser Stelle schon Ihr Geschäftsmodell mit einem Link oder Ähnlichem bewerben, kann es leicht sein, dass Sie das Gegenteil von dem erreichen, was Sie wollen, und sich der Kandidat zurückzieht.

Hier ein paar Beispiele, wie man es richtig macht:

Beispiele für „ausformulierte" Freundschaftsanfragen

Hallo, Herr/Frau Mustermann,
ich würde Sie gerne zu meinem Kontaktnetzwerk hinzufügen! Vielleicht ergeben sich in Zukunft gemeinsame Projekte oder Kooperationsmöglichkeiten?

Herzliche Grüße …

(Diese Kontaktanfrage ist eine Standardanfrage. Sie funktioniert auch gut bei fremden Menschen, mit denen man weder bereits telefoniert hat noch sie persönlich kennt.)

Hallo, Herr/Frau Mustermann,
auf unser bevorstehendes Gespräch freue ich mich schon sehr☺! Wäre schön, wenn wir uns vorab schon auf diesem Wege vernetzen könnten.

Beste Grüße …

SUPER SPONSOR SYSTEM — Baustein 2: Profiling

(Das wäre eine Kontaktanfrage für den Fall, dass Sie bereits einen Termin für ein persönliches Treffen vereinbart haben.)

*Hallo Herr/Frau Mustermann,
es war sehr schön, Sie heute auf der XY-Veranstaltung/in der Stadt/im XY-Laden kennenzulernen.
Freue mich auf unser Telefonat/Treffen*
                                        Beste Grüße ...

(Das wäre eine Kontaktanfrage, die sich bei der Vorabvernetzung mit Direktkontakten bewährt hat.)

XING

In diesem Netzwerk herrscht grundsätzlich ein geschäftlicher oder auch beruflicher Tenor. XING wird in der Regel von Freiberuflern, Selbstständigen, Unternehmern und karriereorientierten Angestellten benutzt. Das Profil in diesem Netzwerk gibt Ihnen Aufschluss über deren Lebenslauf, beruflichen Werdegang, Dienstleistungen und Produkte. Weiterhin bekommt man einen guten Einblick in die Interessen, Hobbys, Qualifikationen, Auszeichnungen und beruflichen Ziele des Kandidaten. **Lebenslauf und Qualifikationen**

Auch die „Über-mich"-Seite ist sehr interessant, weil sie mit einer Vielzahl von Detailinfos gespickt ist und einiges darüber aussagt, wie jemand sich selbst sieht bzw. von anderen gesehen werden möchte. Dabei wird es hier meist wesentlich „persönlicher". **„Über-mich"-Seite**

Anhand der Größe des Kontaktbaumes und am Aktivitätsindex lässt sich auch sehr gut erkennen, wie **Aktivitätsindex und Kontaktbaum**

SUPER SPONSOR SYSTEM

Phase 1: Vorbereitung

"Networking- und-online-affin" Ihr Kandidat ist. Ein großer Kontaktbaum und ein hoher Aktivitätsindex lassen auf einen modernen und aufgeschlossenen Menschen schließen, der auf der Höhe der Zeit ist und für den die Arbeit in den virtuellen Welten zum Tagesgeschäft gehört.

Facebook

Das Facebook-Profil und die Pinnwand Ihres Kandidaten sind eine geradezu unerschöpfliche Fundgrube zu dessen privaten Interessen und Befindlichkeiten. Hier können Sie ihn oder sie schon sehr genau kennenlernen, auch ohne schon intensiveren persönlichen Kontakt gehabt zu haben. Bei 2beknown ist es mittlerweile schon zu einem festen Standard geworden, sich bei einem potenziellen Geschäftspartner innerhalb von zwei bis drei Minuten anhand der Infos in XING und Facebook ein Persönlichkeitsprofil zu erstellen und dann eine Strategie für die zukünftige Kommunikation zu besprechen.

Hier wieder eine Checkliste, auf welche Einzelheiten Sie im Facebook-Profil achten sollten:

Das ist am Facebook-Profil interessant

- Interessen/Hobbys
- wahres Gesicht
- Pinnwandkommunikation: Was und mit wem?
- Grundtenor der Gespräche: gestresst, immer positiv?
- Welche Anwendungen, Spiele nutzt er oder sie?
- religiöse Ansichten/Werte
- Partei/politische Einstellung

Baustein 2: Profiling

- Familie?
- Zitate: Rebell, Philosoph etc.?
- Kunst und Unterhaltung: Werte?
- Persönlichkeitstyp: kurzweilig, philosophisch, Ego?
- Lieblingsbücher, -filme: Action, Komödie, Horror?

Kontaktnetzwerk

Last but not least, egal auf welcher Plattform – das A und O ist es natürlich auch, nicht nur einen Blick auf das Profil und die Größe (Quantität) des Kontaktbaumes oder Netzwerkes zu werfen, sondern auch eine Einschätzung bezüglich dessen Wertes zu treffen.

Das lässt sich relativ leicht bewerkstelligen, indem man die Qualität der Verbindungen prüft. Hierbei hat sich das gute alte Stichwort „Sage mir, wen du kennst, und ich sage dir, wer du bist oder was du vedienst!" bewährt.

Sehen Sie sich einmal genau an, mit welchen Menschen Ihr Kandidat connected ist, und Sie bekommen sofort einen ersten Eindruck über dessen Leumund, das persönliche Umfeld und die Kreise, in denen er sich bewegt. Daraus wiederum können Sie in diesem Moment schon ableiten, mit welchen Menschen er die ersten Geschäfte tätigen wird, falls Sie den Interessenten für Ihr Networkgeschäft gewinnen werden.

Das Netzwerk des Kandidaten zeigt, in welchen Kreisen er sich bewegt!

SUPER SPONSOR SYSTEM

Phase 1: Vorbereitung

f) Einstufung in persönliches Ranking

Aufgrund all der gesammelten Informationen können Sie jetzt eine Einstufung des Kandidaten vornehmen. Sie können ähnlich wie eine Rating-Agentur für sich persönlich bewerten, wie viel Erfolgspotenzial Sie diesem Menschen zuschreiben und wie viel Energie und Zeit sie in seine Gewinnung stecken werden.

Hier ein Vorschlag, wie Ihr persönliches Rating gestaltet werden könnte:
- AAA: Super-Geschäftsmann/-frau, hat zwar Top-Potenzial, ist aber aufgrund des hohen Status unter Umständen schwierig zu gewinnen

Baustein 2: Profiling

- AA: der Idealkandidat, mit dem man auf Augenhöhe verkehrt
- A: kann man sich einmal anschauen.

Diese Einstufungen können Sie natürlich noch jederzeit nach Belieben ergänzen, verändern und für sich persönlich optimieren.

Phase 1: Vorbereitung

DAS WICHTIGSTE IN KÜRZE

1 Als Vorbereitung auf das Sponsorgespräch ist es unerlässlich, dass Sie sich ein möglichst genaues Bild von Ihrem Interessenten machen und in einem Kandidatenprofil festhalten, das Sie schriftlich niederlegen.
Hierfür verwerten Sie alle Informationen, die Sie zu diesem Zeitpunkt bereits haben oder sich beschaffen können.

2 Die wichtigsten Quellen sind:
- die bewusste Auswertung der ersten Eindrücke, die Sie von Ihrem Kandidaten haben
- eine Online-Recherche.

3 Der moderne Networker wird seinen Kandidaten auch in den wichtigsten Internet-Kontaktnetzwerken suchen.
Sie sind nicht nur eine ergiebige Quelle für Informationen über berufliche Stellung und Privatleben, sondern bieten auch eine schöne Möglichkeit zu einer unaufdringlichen Kontaktpflege.

Baustein 2: Profiling

DIE SEITE FÜR SIE: VORSCHLAG FÜR DEN AUFBAU EINES KANDIDATENPROFILS

Am besten trainieren Sie die Erstellung des Kandidatenprofils erst einmal für sich.

Suchen Sie sich zehn Personen aus, die Sie bereits kennen, und nehmen anhand der nachfolgenden Agenda Ihre persönliche Einschätzung vor. Beobachten Sie diese Leute, googeln Sie alle Infos zusammen, die Sie finden können, searchen Sie deren Profile in sozialen Netzwerken und vergeben Sie ein persönliches Rating oder Ranking!

Auf den folgenden Seiten finden Sie einen Vorschlag für den Aufbau dieses Profils. Sie können ihn natürlich später auch für die „echten" Profile übernehmen.

Erfassen Sie je nach persönlicher Arbeitsweise und Vorlieben die Daten elektronisch (Excel-Tabelle, Outlook-Adressbuch o.Ä.) oder einfach auf Papier mit drangetackerter Visitenkarte Ihres Kandidaten – in diesem Fall könnten Sie unser Schema einfach kopieren und die fertigen Bögen am besten ganz konservativ in einem Ordner ablegen.

SUPER SPONSOR SYSTEM

Phase 1: Vorbereitung

Persönliche Daten des Kandidaten / der Kandidatin

- **Name, Vorname:**

  _____

- **Adresse:**

  _____

- **PLZ, Ort:**

  _____

- **E-Mail:**

  _____

Baustein 2: Profiling

- **Telefon:**

  _____

- **Skype:**

  _____

- **Mobiltelefon:**

  _____

- **Homepage:**

  _____

- **Geburtstag:**

  _____

Phase 1: Vorbereitung

- **Twitter:**

  _____

- **XING:**

  _____

- **Facebook:**

  _____

Persönlichkeitsanalyse

- **Kleidung (Zustand, Kosten, modisch aktuell):**

  _____

Baustein 2: Profiling

- **Habitus und Körperhaltung, Körpersprache:**

  _____

- **Blickkontakt:**

  _____

- **Positive oder eher negative Grundhaltung:**

  _____

- **Extrovertiert oder introvertiert:**

  _____

- **Auftreten (schüchtern, selbstbewusst):**

  _____

SUPER SPONSOR SYSTEM

Phase 1: Vorbereitung

- **Körperpflege (Haare, Hände, Haut, Gesicht):**

  _____

- **Fitnesszustand / Raucher:**

  _____

- **Ruhig, nervös, ausgeglichen, gestresst:**

  _____

- **Sprache (Geschwindigkeit, Tonlage):**

  _____

- **Zuhörer, Erzähler:**

  _____

Baustein 2: Profiling

- **Evtl. Motive und Bedürfnislage:**

  _____

- **Ausbildung:**

  _____

- **Allgemeinbildung:**

  _____

- **Erfahrungen, Erlebnisse, Einstellung:**

  _____

- **Grad der Aufmerksamkeit:**

  _____

SUPER SPONSOR SYSTEM

Phase 1: Vorbereitung

- **Körperliche und geistige Voraussetzungen:**

  _____

- **Sozialer Status:**

  _____

- **Persönliches Rating:**

  _____

PHASE 1: VORBEREITUNG

Baustein 3: Mentale und organisatorische Vorbereitung

Phase 1: Vorbereitung

a) Die Macht des Unbewussten

Waren Sie schon einmal am Mount Everest? Vermutlich eher nicht. Aber Sie können sicher gut nachvollziehen, dass für eine Expedition zum höchsten Berg der Erde eine Menge an Vorbereitung nötig ist. Und dass eine Menge schiefgehen kann, wenn man dabei auch nur einen Punkt auslässt.

Im Extremfall schon ganz am Anfang – wenn unser Everest-Besteiger feststellt, dass er die Trinkflasche vergessen hat. Oder irgendwo auf halber Höhe, wenn sich herausstellt, dass er an einer wichtigen Stelle kein Zwischenlager eingerichtet hat. Oder auch ziemlich weit oben noch – wenn er merkt, dass er nicht genügend Sauerstoff dabei hat.

Unrealistisch? Ja. Natürlich wird jede Everest-Expedition optimal vorbereitet und nichts dem Zufall überlassen. Es geht einfach um zu viel.

Und das ist exakt der Punkt, warum Sie das bei Ihrer Vorbereitung auf das Sponsorgespräch genauso machen sollten!

Das Entscheidende bei so einem Großvorhaben ist – und das wird Ihnen auch unser Mount-Everest-Bergsteiger sagen –, „dass man mental einfach spitzenmäßig gut drauf sein und die ganze Organisation bis aufs i-Tüpfelchen passen muss".

Mental spitzenmäßig gut drauf sein – und die Organisation muss bis aufs i-Tüpfelchen passen

Noch mehr gilt das beim Sponsorgespräch. Sie kennen das Phänomen vielleicht auch schon: Gerade in Phasen, in denen es generell nicht so gut läuft und man dringend

Baustein 3: Mentale und organisatorische Vorbereitung

ein Erfolgserlebnis bräuchte, ist es besonders schwierig, jemanden zu sponsern. Das ist der sogenannte Circulus vitiosus, der Teufelskreis bzw. die Abwärtsspirale, die einsetzt – und dann will nichts mehr gelingen.

Des Networkers Albtraum: die Abwärtsspirale

Wenn es in irgendeinem Bereich schlecht läuft, dann kann man meistens darauf warten, dass es an anderer Stelle bald auch schlecht läuft, und so weiter und so fort. Man hat noch nicht mal den Mund aufgemacht und angefangen zu reden, da hat man schon die Absage des Interessenten kassiert.

Warum ist das so?
Hier hat uns einfach unser Unterbewusstes einen Streich gespielt.
Wie schon auf Seite 55 erwähnt, wird bei jedem Zusammentreffen von Menschen Status verhandelt.
Der Erfolg Ihres Sponsorgesprächs hängt nun sehr wesentlich davon ab, ob es Ihnen gelingt, Ihrem Gegenüber zu vermitteln, dass *Sie* den hohen Status besitzen und dass Sie mental in einer spitzenmäßigen Verfassung sind. Identifiziert, begeistert und mit „Beton in der Brust".

Unser Erfolg hängt von der mentalen Verfassung ab!

In der Qualität Ihrer Einstellung liegt ebenso die Gefahr wie auch die Chance, denn genauso wie Sie sich im Zustand einer „Abwärtsspirale" befinden können, haben Sie es in der Hand, dass Sie sich in einen Zustand versetzen, der alles möglich macht.
Einen Zustand, der Ihnen einen richtigen „Lauf" verschafft und der Sie zu einer regelrechten Sponsormaschine macht.

Phase 1: Vorbereitung

Der Gesprächspartner spürt unbewusst, wie Sie „drauf" sind

Ihr Gesprächspartner bekommt – so oder so – instinktiv mit, wie Sie gerade „drauf sind". Er „riecht" geradezu, ob Sie einen guten oder einen schlechten Tag haben. Und wenn Sie einen schlechten Tag haben, wird er Sie nicht als das Alpha-Männchen oder Alpha-Weibchen anerkennen, das Sie sein müssen, um Erfolg zu haben.

Umgekehrt werden Sie nicht zu bremsen sein, wenn Sie es schaffen, sich vorher in einen mentalen Spitzenzustand zu versetzen.

Um diese unbewussten Wirkmechanismen zu erklären, die in hohem Maße über Ihren Erfolg entscheiden, spricht man auch vom „Eisbergprinzip":

Bei einem Eisberg ist auch nur ein kleiner Teil, nämlich 20 Prozent seines Gesamtvolumens, über der Wasseroberfläche sichtbar. Der wesentlich größere Teil, nämlich 80 Prozent, ist unter der Wasseroberfläche verborgen und damit für das menschliche Auge nicht sichtbar.

80 Prozent unserer Kommunikation laufen nicht auf der sprachlichen und rationalen, sondern auf der nonverbalen, emotionalen Ebene ab – und das ist der entscheidende Teil

Genauso ist es in der zwischenmenschlichen Kommunikation. Zu lediglich 20 Prozent ist das entscheidend, was wir einem Menschen sagen, also das was wir hören und kommunizieren. Nämlich die Ratio, Zahlen, Daten, Fakten und das gesprochene Wort. Der nicht greifbare Teil, nämlich der emotionale Part, ist für die Entscheidungsfindung eines Menschen, die bekanntlich über das Bauchgefühl läuft, viel, viel wichtiger.

Diese 80 Prozent sind in unserer nonverbalen Kommunikation verborgen, haben aber massive Auswirkungen. Es sind die unbewussten Signale, die wir zum Beispiel

Baustein 3: Mentale und organisatorische Vorbereitung

Zahlen, Daten, Fakten

20 %   20 %

80 %   80 %

Emotionen

durch unsere Körpersprache aussenden oder durch die Art, *wie* wir etwas sagen. Es ist der Tonfall, der uns verrät, es ist das Zucken des Augenlids, die Aura, die uns umgibt, oder schlicht und einfach eine gewisse Energie, die wir ausstrahlen – oder eben nicht ausstrahlen.

Diese unbewusste Energie trägt nachgewiesenermaßen den größeren Teil dazu bei, ob wir jemanden für unser Business gewinnen.

80 Prozent der Kommunikation finden auf der unbewussten Ebene statt – daher der Vergleich mit dem Eisberg. Und ebenso wie beim Eisberg herrscht im „sichtbaren Bereich" Distanz, während man sich im „unsichtbaren" berührt

WWW.2BEKNOWN.DE

Phase 1: Vorbereitung

Ebenso wichtig wie die mentale ist die organisatorische Vorbereitung: dass Sie alle Unterlagen dabeihaben, die Sie brauchen – vor allem für die Geschäftspräsentation –, und dass Sie alles im Kopf haben, was wichtig ist – zum Beispiel das Profil Ihres Kandidaten.

Aber gehen wir die Punkte der Reihe nach durch.
Das Erste, was klappen muss, ist die telefonische Terminvereinbarung.

Baustein 3: Mentale und organisatorische Vorbereitung

b) Das Vorspiel: Die telefonische Terminvereinbarung

Schon das erste Telefonat mit dem Interessenten ist von großer Bedeutung. Es ist also nicht nur wichtig, ein gutes Sponsorgespräch führen zu können, sondern auch ein guter Telefonierer zu sein. Denn was nützt Ihnen die perfekte Präsentation, wenn es erst gar nicht zum persönlichen Gespräch kommt?
Doch schon wenn Sie ein paar einfache Regeln beachten, erhöhen Sie Ihre Terminierungsquoten um ein Vielfaches.

Wie Sie sich in Erinnerung rufen

Sinnvollerweise wird man das Gespräch damit beginnen, dass man dem Gesprächspartner noch einmal in Erinnerung ruft, wo und wann man sich kennengelernt und miteinander gesprochen hat.
Wichtig ist, dass Sie das auf keinen Fall als Frage formulieren.

So ist es falsch: „Sagen Sie mal, erinnern Sie sich noch an mich? Wir haben uns vorgestern in XY kennengelernt, und ich hatte Sie auf einen guten Zusatzverdienst angesprochen?"
Kann sich der andere wirklich momentan nicht erinnern und sagt Nein, dann stockt das Gespräch, Sie wissen erst einmal nicht mehr weiter, kommen ins Schwitzen und haben einen Statusverlust erlitten.
Daher müssen Sie das Ganze unbedingt als Aussage formulieren:

Keine Fragen stellen!

Phase 1: Vorbereitung

Textbeispiele, wie Sie sich in Erinnerung rufen können

- *Hallo, Liese Mustermann am Apparat, du erinnerst dich! Wir haben uns vorgestern in der Fußgängerzone getroffen, und ich habe dich auf einen guten Zusatzverdienst angesprochen.*

- *Sie erinnern sich mit Sicherheit! Ich habe Sie vor drei Tagen am Parkplatz bei XY angesprochen, und wir hatten uns sehr nett über eine geschäftliche Zusammenarbeit unterhalten!*

- *Max Mustermann am Apparat, Sie haben bestimmt schon auf meinen Anruf gewartet! Ich habe Sie die Tage im Einkaufszentrum auf eine nebenberufliche Tätigkeit mit lukrativem Zusatzeinkommen angesprochen!*

Sie stören nicht!

Der nächste mögliche Fehler ist, dass Sie, wie viele es in solchen Situationen machen, die Floskel verwenden: „Störe ich gerade?"

Oder auch etwas wie: „Hast du gerade einen Moment Zeit?"

Denn damit geben Sie dem anderen wieder die Möglichkeit, Nein zu sagen und das Gespräch abzuwürgen. Dann müssen Sie es erneut versuchen, und Sie wissen nicht, ob es dann klappt.

Überlegen Sie einmal: Wenn der andere absolut keine Zeit gehabt hätte, wäre er sicherlich nicht ans Telefon gegangen. Allerdings wäre denkbar, dass er etwas in Eile ist und nur hören wollte, wer dran ist.

Deswegen ist es am sinnvollsten, wenn Sie Ihrem Gesprächspartner gleich zu Beginn des Telefonats in Aussicht stellen, dass Sie seine Aufmerksamkeit nicht lange beanspruchen – am besten mit einer konkreten Zeitangabe.

Vorteilhaft: ein konkreter Hinweis, dass das Gespräch nicht lange dauert

Das könnte etwa so klingen:
- *Keine Sorge, es dauert nur 30 Sekunden.*
- *Machen wir's kurz – ich hab auch nur 30 Sekunden Zeit.*

Der Nutzen für Ihren Gesprächspartner

Jeder Mensch ist ein kleiner – und manchmal auch ein großer – Egoist. Deswegen müssen Sie jedem, von dem Sie etwas wollen, seinen eigenen Nutzen an der Sache deutlich machen.

So auch hier: Bringen Sie in zwei, drei Sätzen zum Ausdruck, dass Sie Ihrem Gesprächspartner mit Ihrer Geschäftsgelegenheit genau das geben können, was er braucht.

Hier kommt Ihr bereits erstelltes Kandidatenprofil (ab Seite 49) zum Einsatz: Mit Sicherheit können Sie aufgrund der Informationen, die Sie bereits haben, die Bedürfnislage Ihres Gegenübers nun schon recht gut einschätzen.

So können Sie an dieser Stelle die richtige Karte spielen und Stichworte wie Nebenverdienst, freie Zeiteinteilung oder die Chance auf einen kompletten beruflichen Neuanfang – eben je nach Bedürfnislage – dezent einfließen lassen.

Dezent einfließen lassen, was an Ihrer Geschäftsgelegenheit für den Kandidaten interessant sein könnte

SUPER SPONSOR SYSTEM

Phase 1: Vorbereitung

Hier haben wir für Sie eine Reihe von Vorschlägen zusammengestellt, wie Sie das bei bestimmten Zielgruppen hinbekommen:

Textbausteine für die Ansprache bestimmter Zielgruppen

Studenten:

- *Wir geben momentan speziell Studenten die Möglichkeit, risikolos erste Erfahrungen in der freien Wirtschaft zu sammeln. Das Ganze bei freier Zeiteinteilung und sehr guter Bezahlung ...*

- *Es geht um den Aufbau eines Nachwuchsteams, in dem speziell Studenten ihr Know-how einem Praxistest in der freien Marktwirtschaft unterziehen können. Die Themen sind Personalmarketing und Teambuilding ...*

Unternehmer / Selbstständige:

- *Wir kooperieren momentan speziell mit erfolgreichen Selbstständigen der Region. Es geht um den Aufbau von Existenzsicherungsmodellen im großen Stil und die überregionale Verknüpfung von Kontaktnetzwerken ...*

- *Wir zeigen speziell Unternehmern eine Möglichkeit, Einkünfte unabhängig von der eigenen Arbeitskraft zu generieren und multiple Einkommensströme mit einem Minimum an persönlichem Einsatz aufzubauen ...*

Baustein 3: Mentale und organisatorische Vorbereitung

Frauen:

- *Wir bauen momentan ein Team von couragierten Ladys auf. Es geht um die Ausbildung, das Coaching und die Persönlichkeitsentwicklung speziell von weiblichen Beraterinnen und die Entwicklung von Führungspersönlichkeiten im Bereich XY ...*

- *Wir arbeiten sehr gerne mit Frauen zusammen, weil sie nachweislich die bessere Sozialkompetenz haben als Männer. Für den Aufbau von kleinen Teams und für das Coaching von Geschäftspartnern setzen wir deshalb verstärkt auf Frauenpower ...*

Sportler:

- *Wir bauen gerade ein Team speziell mit sportlichen Menschen auf, die sich vorstellen können, ihre Erfahrungen aus dem Sport an andere weiterzugeben. Wir wissen, dass Sportler gewohnt sind, kontinuierlich an sich zu arbeiten und auch konkrete Ziele zu verfolgen. Das sind genau die Fähigkeiten, die sich auch bei der Betreuung und dem Aufbau von kleinen Teams bewährt haben ...*

Familienväter / Mütter:

- *Wir arbeiten fast ausschließlich mit Familienmenschen zusammen, deren Ziel es ist, den Lebensstandard der eigenen Familie zu erhöhen. Dort*

SUPER SPONSOR SYSTEM

Phase 1: Vorbereitung

findet man ein hohes Maß an Sozialkompetenz vor, und wir haben die Erfahrung gemacht, dass sich „Familienmanager" auch beim Aufbau von Zusatzeinkommen sehr leicht tun.

Sie sehen, auch hier folgen wir für alle erdenklichen Zielgruppen immer einem ähnlichen Muster.

Sich in die Situation des Kandidaten versetzen und ihm den Job in der Sprache erklären, die er/sie versteht

Dieses Muster lässt sich so beschreiben: „Versetze dich kurz in die Situation deines Kandidaten und erkläre ihm den Job in der Sprache, die er/sie versteht und mit der er/sie sich identifizieren kann!"

Der Termin

Willst du was gelten, so mach dich selten!
Dieser Spruch trifft den Nagel auf den Kopf.

Deswegen sollten Sie nach Möglichkeit nicht Ihrem Gegenüber die Initiative überlassen, wenn es um den Terminvorschlag geht. **Sie** geben den Termin vor, weil Sie viel beschäftigt sind und Ihre Zeit kostbar ist!

Den Kandidaten zwischen zwei Terminen wählen lassen

Deswegen: Lassen Sie Ihrem Kandidaten die Wahl zwischen nicht mehr als zwei Terminen (sogenannte Alternativtechnik):

Ginge es bei dir besser am nächsten Dienstag um 18.15 Uhr oder am Samstagvormittag um elf?

(Selbstverständlich müssen Sie darauf achten, dass Sie Vorschläge machen, die nach Ihrem Wissensstand auch für den Gesprächspartner realistisch sind! So macht es

z. B. wenig Sinn, einem Angestellten zwei Vorschläge jeweils am Vormittag zu machen, oder jemandem, der auf Montage arbeitet, Termine während der Woche anzubieten.)

Vollprofis machen meist sogar nur einen einzigen Terminvorschlag „aus der Stärke heraus"! Das erfordert ein wenig Routine, Mut und Selbstbewusstsein, funktioniert aber tadellos und vermittelt unweigerlich einen hohen Status!

Die Variante für Profis: nur ein Terminvorschlag

Ich hätte am nächsten Dienstag bei dir in der Gegend zu tun und wäre um 18.15 Uhr frei für dich!

Mit Absicht haben wir bei der Terminvorgabe „18.15 Uhr" geschrieben – ein kleiner psychologischer Trick! Wenn man das Treffen nicht zur vollen Stunde ansetzt, sondern um Viertel vor oder nach, entsteht im Kopf des Kandidaten unbewusst das Bild von „Vielbeschäftigung" und Ihrem vollen Terminkalender.

Der Trick mit dem „Viertel"

Noch einige Tipps zum Telefonieren

Entscheidend ist bei so einem Telefonat nicht nur, was Sie sagen, sondern vor allem auch, wie Sie es sagen.

Erinnern wir uns an das „Eisbergprinzip" (Seite 90), das auch für Telefongespräche gilt: Der Tonfall, die Begeisterung und die Sicherheit in Ihrer Stimme spielen eine wesentliche Rolle, wenn es darum geht, welchen Eindruck Sie auf Ihren Gesprächspartner machen.

Phase 1: Vorbereitung

Darum:

- Sprechen Sie immer mit Energie in der Stimme. Das gelingt besser, wenn Sie während des Telefonierens nicht irgendwie „herumhängen", sondern sich gerade hinsetzen oder -stellen.

- Sie müssen genau wissen, was Sie sagen. Herumdrucksen ist „tödlich"! Legen Sie sich deswegen einen schriftlichen Leitfaden zurecht, von dem Sie bei Bedarf ablesen können.

- Bemühen Sie sich um eine langsame, klare Sprache. Geschwindigkeit und Hektik machen Ihren Gesprächspartner nervös und skeptisch, bedächtiges Tempo suggeriert hohen Status.

- Sie sollten auch am Telefon natürlich und authentisch wirken. Übertriebene Freundlichkeit in Callcenter-Manier kann eher abstoßend wirken.

Baustein 3: Mentale und organisatorische Vorbereitung

c) Das Sponsorgespräch ist eine Etappe auf dem Weg zu Ihren Zielen

Der Termin steht also, wir können mit der mentalen Vorbereitung auf das Sponsorgespräch beginnen.

Das Erste, was wir hier tun, ist: Wir rufen uns unsere Ziele ins Bewusstsein. Oder anders ausgedrückt: Wir holen uns Motivation dadurch, dass wir das bevorstehende Gespräch als Etappe auf dem Weg zu unseren Zielen sehen.

Sich seine Ziele ins Bewusstsein rufen

Voraussetzung dafür ist natürlich, dass wir definierte Ziele haben. Das muss nicht immer die große Vision sein, etwa die aus passivem Einkommen finanzierte Villa am Mittelmeer. Es ist oftmals viel wichtiger, sich seiner kurzfristigen Ziele bewusst zu sein, also Monats-, Wochen- und Tagesziele zu kennen.

Achten Sie also darauf, dass Sie immer klare Vorstellungen von der nächsten Zukunft haben und so zwei motivierende Kräfte aufbauen, die Sie treiben: Wo will ich hin und wovon will ich weg?

Die Voraussetzung: klare Vorstellungen von der nächsten Zukunft

Leitfragen, um seine Ziele zu konkretisieren und sich dann zur Zielerreichung zu motivieren, können sein:
- Welches Einkommen will ich im laufenden Quartal erzielen?
- Wie groß soll mein Team am Ende des laufenden Jahres (bzw. des nächsten Jahres) sein?
- Wie viele neue Teampartner muss ich dazu monatlich sponsern?

Phase 1: Vorbereitung

- Welche Vorstellungen habe ich von der Zusammenarbeit mit meinen neuen Partnern? Wie sind meine Erwartungen an sie?
- Welche positiven Veränderungen wird das Erreichen des Zieles in meinem Leben bewirken?
- Welche negativen Punkte werden aus meinem Leben verschwinden, wenn ich das Ziel erreicht habe?

Ziele müssen schriftlich fixiert, mit einem Termin versehen und realistisch sein. Vorteilhaft ist es, sie in kleine Teilziele zu zerlegen.

Es ist von Vorteil, wenn man solche Ziele schriftlich fixiert hat. Man sollte dabei jedes Ziel in kleine, kurzfristig erreichbare Teilziele zerlegen – das erleichtert es, dass man die Übersicht behält, was als Nächstes in Angriff zu nehmen ist, und ist außerdem psychologisch vorteilhaft, weil jedes der Teilziele für sich leichter erreichbar ist.

Außerdem ist es einfacher und fassbarer, ein kleines Ziel zum Beispiel in Tagesaktivitäten wie Anspracheversuche, Direktkontakte, Wählversuche, Telefonate, Sponsorgespräche oder Produktpräsentationen herunterzubrechen.

Bei jeglicher Art von Zielen ist es wichtig, dass sie mit einem Termin versehen sind und auf den Prüfstand gestellt werden, ob sie realistisch sind.

Baustein 3: Mentale und organisatorische Vorbereitung

d) Commitment gegenüber dem persönlichen Umfeld

Es gibt grundsätzlich zwei Arten von Menschen. Die erste Gruppe hat persönliche Ziele und spricht nicht darüber. Die zweite Gruppe hat auch Ziele, behält diese allerdings nicht für sich, sondern redet öffentlich darüber.

Aber warum entscheidet sich die eine Gruppe dafür, über die Ziele zu sprechen, und die andere dafür, über die Ziele zu schweigen? Jeder hat seine Gründe.

Bei den Menschen, die nicht offen über ihre Ziele sprechen, hat das meistens nur einen Grund: Sie haben Angst vor der eigenen Courage, Angst davor zu scheitern, etwas anzukündigen, das sie möglicherweise nicht erreichen. Und schließlich Angst davor, von anderen Menschen auf das „persönliche Versagen" angesprochen zu werden. Denn niemand redet gern über Niederlagen – geschweige denn dass er sich dafür rechtfertigen mag.

SUPER SPONSOR SYSTEM

Phase 1: Vorbereitung

Ein öffentliches Commitment setzt große Tatenergie frei

Bei Leuten, die öffentlich über ihre Ziele sprechen, gibt es dafür meistens auch einen Grund. Sie wissen um die Tatenergie, die ein öffentliches Commitment freisetzt. Sie wissen, dass die persönliche Selbstverpflichtung, auch vor anderen, eine der gigantischsten Triebfedern ist, die im Bereich der Motivation zu finden ist.

Studiert man die Erfolgsbilanz der unterschiedlichen Typen, fällt eines auf: Die Menschen, die sich öffentlich zu ihren Zielen bekennen, sind erfolgreicher und können ihre Planungen öfter in die Realität umsetzen als diejenigen, die es nicht tun. Aber selbst wenn sie ihre Ziele nicht erreichen, sind die Ergebnisse immer noch besser, als wenn sie vorher auf ein Commitment verzichtet hätten! Das hat etwas damit zu tun, dass sie wesentlich länger dranbleiben und nicht so schnell aufgeben, weil sie wissen, dass sie sich dazu bekannt haben.

Selbstverpflichtung hilft auch in schwierigen geschäftlichen Situationen

Selbstverpflichtung setzt also nicht nur Tatenergie frei, sondern hilft auch in schwierigen geschäftlichen Situationen. Vielleicht auch deswegen, weil wir von anderen Menschen Ermutigung erfahren, die um unsere Ziele wissen. Menschen, Führungskräfte oder die eigenen Teampartner, die einem auf die Schulter klopfen, wenn es gerade mal nicht so läuft. Vielleicht weiß ja einer Ihrer Kollegen Ihnen eine ermutigende Story zu erzählen, oder er hat noch einen Insidertipp für Sie, der genau auf die Situation passt.

Insbesondere ein Anruf vom oder beim Sponsor vor dem Rekrutierungsgespräch kann Wunder wirken – schließlich

Baustein 3: Mentale und organisatorische Vorbereitung

ist ja auch er daran interessiert, dass die Sache klappt! Es gibt nichts Ermutigenderes vor einem Sponsorgespräch, als dass man sich vorbereitend gemeinsam noch einmal „einsingt"!

Nicht zu vergessen sind an dieser Stelle auch die Menschen, die eher Freude an Ihrem Scheitern hätten als an Ihrem Erfolg. Aus sportlicher Sicht kann man sogar sagen, dass diese Leute noch viel wichtiger für Ihren Erfolg sind, als die, die Ihnen wohlwollend gegenüberstehen. Denn das Bedürfnis, die Menschen eines Besseren zu belehren, die nicht an einen glauben, ist bei den meisten Menschen wesentlich ausgeprägter, als sich von denen auf die Schulter klopfen zu lassen, die sowieso auf unserer Seite gestanden haben.

Der „Dir-zeig-ich's"-Effekt

So weit zu den Wirkmechanismen eines Commitments vor seinem persönlichen Umfeld. Jetzt liegt es nur noch an Ihnen, Ihr Commitment vorzunehmen.
Wenn Sie schlau sind, sprechen Sie noch heute mit allen Menschen, die Sie kennen, über Ihre Ziele. Mit allen, die es hören wollen, und mit all denen, die es nicht hören wollen, sowieso! Sprechen Sie jeden Tag über Ihre Ziele, wo Sie gehen und stehen, und Sie werden feststellen, das Sie ab dem Zeitpunkt, wo sie sich „offiziell" zu Ihren Vorhaben bekannt haben, viel intensiver und engagierter am Aufbau Ihres Teams arbeiten werden. Versprochen!

SUPER SPONSOR SYSTEM

Phase 1: Vorbereitung

e) Bin ich der/die Repräsentant/in meines Geschäfts?

Ein Sponsorgespräch ist wie ein erstes Date!

Jedenfalls ist der Anlass ähnlich wichtig, und deshalb sollte an Ihrem Erscheinungsbild und Auftreten alles perfekt passen.

Wir haben unter Baustein 2 (Seite 55) davon gesprochen, wie wichtig der erste Eindruck ist und was man aus Auftreten, Kleidung etc. alles schließen kann. Genauso wie Sie das bei Ihrem Gegenüber machen, wird er oder sie es umgekehrt auch bei Ihnen tun – teilweise bewusst, vielfach aber auch unbewusst.

Erleichtern Sie es ihm also, dass er aufgrund des ersten Eindrucks denkt: „Toller Typ/tolles Mädel, schauen wir mal, was er/sie zu sagen hat!"

Wir halten an dieser Stelle deswegen einmal folgende These fest: „Je erstrebenswerter Ihr Leben für andere ist, desto leichter wird es Ihnen fallen, diese Menschen auch für Ihr MLM-Geschäft zu begeistern!" Die Frage ist: Führen Sie ein sexy Leben? Leben Sie so, wie es die meisten wollen, wie es für die große Mehrzahl erstrebenswert ist?

Je erstrebenswerter Ihr Leben für andere ist, desto leichter werden Sie diese Menschen für Ihr Geschäft begeistern

Baustein 3: Mentale und organisatorische Vorbereitung

Jetzt werden Sie sagen: Natürlich noch nicht, sonst hätte ich ja nicht im Vertrieb oder Network angefangen! Aber, und genau darum geht es, Sie können jeden Tag daran arbeiten. Und Sie sollen sich ab heute bei allem, was Sie tun, immer wieder folgende Fragen stellen: Bin ich der Repräsentant meines Geschäfts? Bin ich ein guter Repräsentant meines Geschäfts? Verkörpere ich in so vielen Situationen wie möglich einen Erfolgsmenschen? Stehe ich für Erfolg?

Dass Sie sich diese Fragen immer wieder stellen, bei allem, was Sie tun, ist vor allem aus einem Grund so wichtig: Sie stehen unter ständiger Beobachtung, und es ist nicht nur der Fleiß, mit dem Sie Leute für sich und Ihr Business gewinnen werden, sondern noch wichtiger ist diese magische Aura des Erfolges, mit der Sie andere Menschen in Ihren Bann ziehen – mehr noch als mit gesprochenen Worten.

Stellen Sie sich immer die Frage: Bin ich der Repräsentant meines Geschäfts?

Sie werden von Ihrer Familie beobachtet, von Ihren Freunden, Verwandten, Bekannten, Arbeitskollegen und natürlich auch von Ihren Partnern und vor allem auch von Ihren Interessenten im persönlichen Gespräch. Egal was

Sie werden beobachtet!

Phase 1: Vorbereitung

Sie tun, Sie müssen immer den prüfenden und kritischen Augen aller standhalten, mit denen Sie zu tun haben. Sie müssen sich bewähren.

Mehr noch, Sie müssen diesen vielen prüfenden Augen nicht nur standhalten – Sie sollten sie vielmehr ergötzen! Sie müssen immer wieder ein Stückchen mehr dafür sorgen, dass es zu einem wahren Augenschmaus wird, Sie zu beobachten. Egal ob aus der Nähe oder aus der Ferne. Egal was sie auch tun.

Sorgen Sie dafür, dass Ihre Lebensweise auch für andere erstrebenswert ist

Es muss Spaß machen, an Ihrem Leben teilzunehmen, es muss begehrenswert sein, so zu sein, wie Sie es sind, und den Leuten muss förmlich das Wasser im Munde zusammenlaufen, wenn sie Sie beobachten. Sie müssen dieses „Dolce Vita" leben, das sich jeder Networker wünscht. Jeden Tag ein Quäntchen mehr.

Fangen Sie heute damit an, ein beneidenswertes Leben zu führen, und verbessern Sie es immer wieder ein wenig. Sie können nicht über Nacht zum angebeteten Idol für Ihr ganzes Umfeld werden. Aber wichtig ist, dass Sie die Verbesserung stetig und kontinuierlich leben. Zeigen Sie allen, dass es Ihnen in und mit Ihrem Geschäftsmodell gut geht, dass Sie der ideale Repräsentant Ihres Geschäfts sind, und machen Sie den Einblick in Ihr Leben zum „perfekten Schaufenster" für erfolgreiches Unternehmertum!

„Repräsentieren hilft beim Rekrutieren"

Denn: „Repräsentieren hilft beim Rekrutieren"!

Baustein 3: Mentale und organisatorische Vorbereitung

Und deswegen gilt auch:

- Wer anderen Menschen Tipps zur gesunden Ernährung, Lebensführung oder zu Nahrungsergänzungen geben will, der sollte auch selbst körperlich in guter Verfassung sein. Es erleichtert die Sache ungemein.

- Ein Finanzberater, der seine eigenen Finanzen nicht im Griff hat und selbst kein sorgloses Leben führen kann, wird niemals als guter Ratgeber in Geldangelegenheiten akzeptiert werden.

- Für einen Anti-Aging-Spezialisten sollte die „gelebte" Jugendlichkeit an der Tagesordnung sein!

- Jemand, der Mode und Kosmetik verkauft oder empfiehlt, sollte auch über ein entsprechend gepflegtes Äußeres verfügen, denn jeder wird zuerst auf ihn/sie schauen und dann seine Schlüsse ziehen.

Sie sehen an der ganzen Sache: Auch der „optimale Repräsentant" zu sein, ist keine einmalige Aufgabe, sondern ein Prozess.

Wenn Sie im Fitnessbereich tätig sind und etliche Kilo zu viel auf die Waage bringen, werden Sie sich diese wahrscheinlich nicht in den paar Tagen bis zu Ihrem nächsten Sponsorgespräch herunterhungern können. Auch

Die Arbeit am eigenen repräsentativen Erscheinungsbild ist ein Prozess und eine tägliche Aufgabe!

Phase 1: Vorbereitung

Steuerschulden oder ein überzogenes Konto lassen sich meist nicht über Nacht ausgleichen, und der perfekte Auftritt in Sachen Stil und Look ist etwas, das es zu leben gilt.

Aber Sie sollten die Arbeit an Ihrem jeweiligen Thema ganz oben auf Ihre Prioritätenliste setzen und täglich im Auge behalten!

Baustein 3: Mentale und organisatorische Vorbereitung

f) Sich positiv ankern / Affirmation:

Nicht nur die Ermutigung durch Dritte, auch das, was Sie selbst für Ihren mentalen Spitzenzustand tun können, bewirkt eine Menge.
Deswegen sollten Sie sich vor dem Gespräch „ankern", sich positiv stimmen, Affirmation betreiben.

Dazu gibt es verschiedene Möglichkeiten, z. B.:

- sich an etwas festhalten (einem Gegenstand oder auch – im übertragenen Sinne – etwas Geistigem), das mit positiven Erinnerungen besetzt ist
- positiv aufgeladene, aufmunternde Musik hören (Devise: „We are the Champions").

Möglichkeiten, sich zu „ankern"

Eine besonders wirkungsvolle Technik der Affirmation ist Mindsetting – sozusagen die „persönliche Hirnwäsche". Das funktioniert folgendermaßen: Sie formulieren das, was Sie von sich und Ihrer Umgebung erwarten, als bereits eingetretene Tatsache und sprechen sich das vor (oder lassen es sich vorsprechen).
Dieses Mindsetting kann sich direkt auf das Rekrutieren beziehen oder aber allgemein auf die Eigenschaften, die Sie sich selbst zuschreiben oder besitzen möchten, und die Ziele, die Sie sich zu erreichen vorgenommen haben. Die Wirkung ist desto größer, je öfter Sie das betreiben.
Machen Sie also das Mindsetting zu einem festen Ritual – vor jedem Sponsorgespräch oder anderen wichtigen Situationen ohnehin, am besten aber zusätzlich im Alltag zwei- oder dreimal wöchentlich.

Mindsetting

Machen Sie daraus ein festes Ritual im Alltag!

SUPER SPONSOR SYSTEM

Phase 1: Vorbereitung

Die Profis haben daher für gewöhnlich ein festes Mindsetting – was wir auch Ihnen empfehlen.
Sie können es schriftlich fixieren oder – vielleicht noch besser für die Fahrt zum Gespräch – auf CD/MP3 aufnehmen.
Damit Sie sich mehr darunter vorstellen können, hier ein Beispiel-Mindsetting:

Ein Beispiel-Mindsetting

- *Ich bin stolzer Inhaber und Geschäftsführer der Firma XX.*
- *Ich bin ein guter Networker und lebe im Hier und Jetzt.*
- *Ich bin unglaublich selbstbewusst.*
- *Ich bin ausdauernd und zukunftsorientiert.*
- *Ich bin Max Mustermann.*
- *Ich bin ein guter Kaufmann und kann gut mit Geld umgehen.*
- *Ich überlasse nichts dem Zufall.*
- *Ich bin geschaffen für die persönliche finanzielle Unabhängigkeit.*
- *Ich bin ein Leistungsmensch, ein Wettbewerbstyp.*
- *Ich nehme Herausforderungen gerne an.*
- *Ich bin Max Mustermann.*
- *Ich bin dankbar für die Dinge, die ich genießen darf.*
- *Ich bin locker und leichtfüßig, habe Spaß am Leben.*
- *Ich bin zielstrebig, aber nicht verbissen.*
- *Ich bin ein gutes Vorbild für mein Umfeld.*
- *Ich liebe meine Familie, meine Freunde.*
- *Ich bin Max Mustermann.*

g) Einwand-Vorweg-Behandlung

Am Tag des Gespräches sollten Sie irgendwann eine ruhige Viertelstunde einplanen, in der Sie die wichtigsten Punkte für Ihren „Auftritt" noch einmal durchgehen.

Dazu gehört als Erstes die Vorbereitung auf mögliche Einwände, die der Gesprächspartner bringen könnte. Sich alle vorstellbaren Argumente, die grundsätzlich in so einem Gespräch kommen können, vorab einmal zusammenzutragen – das ist leichter, als man denkt. Mögliche Einwände gibt es gar nicht so viele, und es sind schon seit Jahrzehnten immer die gleichen. So sollte es kein allzu großes Problem sein, dass Sie sich Ihren eigenen Leitfaden zum Umgang mit diesen Einwänden erstellen. Das Prinzip ist nämlich ein sehr einfaches.

Sich mögliche Einwände vor dem Gespräch überlegen

Wenn ich darauf vorbereitet bin, dass im Gespräch auch mal „Gegenwind" kommen kann, dann bringt mich dieser auch nicht aus dem Konzept. Ich setze einfach nur die Segel anders, und es geht nahtlos weiter.

Am vernünftigsten ist es, Sie bauen wichtige Einwände, die immer mit großer Wahrscheinlichkeit kommen können, schon fest in Ihre Argumentation mit ein und nehmen sie vorweg, ehe sie Ihr Gesprächspartner bringen kann. Man spricht im Verkäuferjargon auch von der sogenannten „Einwand-Vorweg-Behandlung" (Seite 196).

Die wahrscheinlichen Einwände gleich in die eigene Argumentation mit einbauen

Phase 1: Vorbereitung

h) Was interessiert den Gesprächspartner?

An dieser Stelle sollten Sie auf jeden Fall das Profil Ihres Kandidaten (Seite 49 und Seite 79) noch einmal sorgfältig durchgehen.

Stellen Sie sich dabei besonders folgende Fragen:

- Welche Interessen hat er?
- Wo liegen die Gemeinsamkeiten mit mir selbst, die einen guten Anknüpfungspunkt für ein Gespräch ergeben?
- Was lässt sich über seine Motive und Bedürfnislage aussagen?
- Wo kann ich vielleicht einhaken, um mein Geschäftsmodell als die Lösung eines seiner Probleme präsentieren zu können?
- Wo lohnt es sich besonders, gezielt zu fragen, um aufgrund seiner Antworten dann vielleicht noch besser argumentieren zu können?
- Wie kann ich meinen Fokus auf seine Bedürfnislage richten?

Was Sie sich anhand des Kandidatenprofils noch einmal ins Bewusstsein rufen sollten

Baustein 3: Mentale und organisatorische Vorbereitung

i) Sie sind nicht abhängig von Ihrem Kandidaten!

Vielleicht sind Sie jetzt im Begriff, sich richtig reinzusteigern und nichts anderes mehr zu sehen als das bevorstehende Gespräch. Das ist im Prinzip nichts Schlechtes – aber es kann auf Kosten der Lockerheit gehen, die für den Erfolg genauso wichtig ist wie eine gute Vorbereitung.

Das Ziel: locker bleiben

Vor allem wird es gefährlich, sobald Ihr Gesprächspartner merkt – und wenn das der Fall ist, wird er es sehr schnell merken –, dass Sie ihn unbedingt brauchen, dass Sie „klammern" und ihn unbedingt haben wollen. Dann ist die Gefahr groß, dass er sich zurückzieht und auf cool schaltet – nicht zuletzt weil er merkt, dass er nun am längeren Hebel sitzt. Deswegen hat sich in Sponsorgesprächen die Devise „Loslassen wirkt magnetisch" bestens bewährt.

„Loslassen wirkt magnetisch"

Ganz entscheidend in so einem Gespräch ist immer, die persönliche „emotionale Unabhängigkeit" zu wahren und auch zu signalisieren. Nichts wirkt auf Menschen anziehender als Leute, die „emotional und geschäftlich unabhängig" von anderen sind.

Deswegen müssen Sie darauf achten, dass Sie immer wieder die richtigen Relationen sehen und sich klarmachen, wie wichtig oder in diesem Falle eher wie „unwichtig" dieses eine Gespräch und der potenzielle Partner in Bezug auf Ihr Gesamtziel für Sie wirklich sind. Das Entscheidende ist nämlich: Was ist schon ein Gespräch? Sie

Das Gespräch nicht überbewerten

Phase 1: Vorbereitung

werden in Ihrer Networklaufbahn Hunderte, wenn nicht Tausende Gespräche führen müssen. Zumindest wenn Sie mal richtig erfolgreich werden wollen!

Die beste Einstellung zum Kandidaten ist:

Ein Mindsetting, das Ihre Perspektive relativiert

- *Ich mag dich.*
- *Ich würde gern mit dir zusammenarbeiten.*
- *Ich erreiche meine Ziele mit dir, aber wenn nötig auch ohne dich.*
- *Es wäre schön, dich „an Bord" zu haben, aber nicht um jeden Preis!*

Genau darauf sollten Sie sich im Stile eines Mindsettings „programmieren"!

Baustein 3: Mentale und organisatorische Vorbereitung

j) Sein Handwerkszeug beherrschen

Zum Sponsorgespräch gehört unbedingt auch eine kurze Geschäftspräsentation. Und zwar eine persönlich gesprochene Präsentation!
Sicherlich ist auch eine Online-Präsentation ein wertvolles Tool, aber bedenken Sie bitte immer, dass Networkmarketing ein Geschäft von Mensch zu Mensch ist und dass Sie es in jedem Falle „draufhaben" sollten, Ihr Business kurz und knackig zu präsentieren. Auch wenn mal kein Internet vorhanden ist. Das ist ein „Must" für jeden Networker!

Seine Geschäftspräsentation im Griff haben – ein „Must" für jeden Networker!

Ihre Kurzpräsentation sollte etwa 15, maximal 30 Minuten dauern und aus folgenden Elementen bestehen:
- der Markt
- das Produkt
- die Geschäftsgelegenheit.

(Mehr dazu ab Seite 221.)

Dafür müssen die nötigen Materialien vorbereitet werden: Flyer, Referenzen, Ratings, Zertifikate.

Clever wäre es, wenn Sie sich nicht nur auf Unterlagen stützen, die von der eigenen Firma stammen, sondern auch neutrale Medien und Dokumente zu Hilfe nehmen. Beispielsweise kann es eindrucksvoll sein, die Entwicklung der Branche zu dokumentieren – etwa mit einschlägigen Artikeln aus bekannten Branchenmagazinen oder auch Tageszeitungen!

Referenzen

SUPER SPONSOR SYSTEM

Phase 1: Vorbereitung

Produkte

Auch ist es unbedingt sinnvoll, Produkte wenn möglich „zum Anfassen" schon zum Sponsorgespräch mitzubringen. Wenn Menschen etwas in den Händen halten, vielleicht sogar schon vor Ort testen können, dann führt das zu noch schnellerer Identifikation und Überzeugung. Etwas „Haptisches" hat etwas Magisches!

Bilder und Videos

Sollten Sie Ihre Produkte nicht mitnehmen können, dann empfiehlt es sich auf alle Fälle, Bilder dabeizuhaben, eventuell ein kurzes Video auf dem Notebook anzuschauen oder vielleicht auf einem Smartphone!

Denken Sie daran, dass Menschen gerne interessante Bilder oder Videos anschauen. Wichtig ist hierbei: Die Videos dürfen nicht zu lang sein. Kurz, knackig und inspirierend auf den Punkt gebracht – das ist hier die Devise. Auf keinen Fall sollten die Videos, die man in einem Zweiergespräch miteinander anschaut, länger wie drei bis fünf Minuten sein. Bei allem, was länger dauert, sinkt die Aufmerksamkeit mit der Zeit erheblich!

Baustein 3: Mentale und organisatorische Vorbereitung

DAS WICHTIGSTE IN KÜRZE

Bei der Vorbereitung des Sponsor-/Rekrutierungsgesprächs sind die Kombination aus mentaler Einstimmung auf die bevorstehende Aufgabe und deren geistiger Durchdringung sowie die organisatorische Leistung gleich ausschlaggebend für den Erfolg. Im Einzelnen sind folgende Schritte zu bewältigen:

1. Bei der telefonischen Terminvereinbarung ist entscheidend, dass Sie beim Gespräch die Führung übernehmen und in die Rolle eines „Chancenbieters" schlüpfen!

2. Machen Sie sich klar, wie das Gespräch in Hinsicht auf Ihre lang- und kurzfristigen Ziele einzuordnen ist.

3. Vor dem Gespräch wirkt ein Commitment gegenüber dem persönlichen Umfeld, besonders gegenüber den eigenen Führungskräften, Wunder hinsichtlich Ihrer Motivation!

4. Überprüfen Sie kritisch Ihr eigenes Auftreten, ob Ihr Kandidat Sie als glaubwürdigen und erfolgreichen Repräsentanten Ihres Geschäftsmodells wahrnehmen kann.

5. Bringen Sie sich durch Ankern/Affirmation/Mindsetting in eine positive Stimmung.

Phase 1: Vorbereitung

6 Befassen Sie sich schon vorab mit möglichen Einwänden, die Ihr Kandidat im Gespräch bringen könnte.

7 Checken Sie das Kandidatenprofil Ihres Gesprächspartners durch und prüfen Sie, wo seine Motivationspunkte liegen könnten.

8 Wahren Sie innere Unabhängigkeit von Ihrem Kandidaten.

9 Bereiten Sie Ihre Kurz-Geschäftspräsentation sorgfältig vor.

Baustein 3: Mentale und organisatorische Vorbereitung

DIE SEITE FÜR SIE:
IHR PERSÖNLICHES MINDSETTING

Hier können Sie sich Ihr persönliches Mindsetting zusammenstellen:

- Ich bin _____

- Ich bin _____

- Ich bin _____

- Ich habe _____

- Ich habe _____

- Ich kann _____

SUPER SPONSOR SYSTEM

Phase 1: Vorbereitung

- Ich kann _____

- Ich kenne _____

- Ich kenne _____

- Ich weiß _____

- Ich weiß _____

- Ich liebe _____

- Ich bin _____

(In die letzte Zeile gehört immer Ihr Name!)

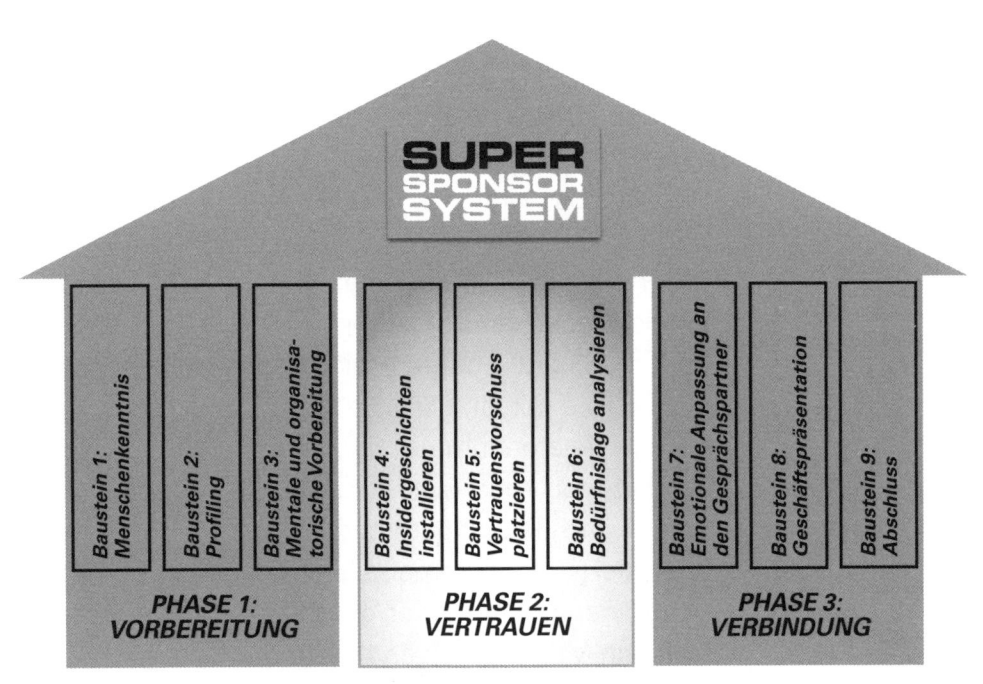

PHASE 2: VERTRAUEN

Baustein 4: Insidergeschichten installieren

SUPER SPONSOR SYSTEM

| Baustein 1: Menschenkenntnis | Baustein 2: Profiling | Baustein 3: Mentale und organisatorische Vorbereitung | Baustein 4: Insidergeschichten installieren | Baustein 5: Vertrauensvorschuss platzieren | Baustein 6: Bedürfnislage analysieren | Baustein 7: Emotionale Anpassung an den Gesprächspartner | Baustein 8: Geschäftspräsentation | Baustein 9: Abschluss |

PHASE 1: VORBEREITUNG — PHASE 2: VERTRAUEN — PHASE 3: VERBINDUNG

Phase 2: Vertrauen

a) Vertrauen ist der Anfang von allem

Unsere Überschrift kommt Ihnen vielleicht bekannt vor – sie war einmal der Werbeslogan einer deutschen Großbank. Warum sie geradezu als Motto für uns Networker gelten kann, werden wir gleich sehen.

Eine Erfahrung, die manchmal gerade rhetorisch sehr starke Direktkontakter machen müssen, ist die folgende: Es gelingt ihnen, von fast jedem, den sie ansprechen, die Telefonnummer zu bekommen.
Wenn es dann an die Terminvereinbarung geht, ist die Erfolgsquote schon schlechter.
Aber vor allem ist signifikant (und äußerst frustrierend!), dass selbst eine Reihe von schon vereinbarten Gesprächen nicht zustandekommen – oft dadurch, dass der Kandidat den Recruiter einfach sitzen lässt.

Die Diagnose lautet hier meistens: fehlendes Vertrauen! Und der Grund dafür ist, dass die erwähnten Direktkontakter einfach „Telefonnummern sammeln", anstatt sich für die Menschen, zu denen sie einen Kontakt aufbauen sollten, wirklich zu interessieren. Ein charakteristisches Symptom dafür ist, dass sie sofort „wegrennen", sobald sie die Telefonnummer bekommen haben. Bei einigen hat man sogar den Eindruck, sie wären nur auf der „Jagd" nach Telefonnummern.
Aber die Telefonnummer allein nützt einem bekanntlich nichts, denn hinter jeder gesammelten Telefonnummer steht ein Mensch, den es zu erreichen gilt.

Baustein 4: Insidergeschichten installieren

Die erste Erkenntnis daraus ist, dass man möglichst bereits beim Erstkontakt eine persönliche Beziehung aufbauen sollte, indem man sich ein bisschen länger mit seinem Kandidaten unterhält und ein wenig mehr Interesse für ihn zeigt – ob es dabei um Berufliches oder Privates geht, ist vollkommen egal.

Allerdings nützt ein bloßer „Pflicht-Smalltalk" hier nichts. Ihr Gegenüber merkt, ob Sie es ernst meinen, und deswegen ist das ehrliche Interesse für ihn oder sie, wie wir schon festgestellt haben (Seite 25), immer die wichtigste Voraussetzung für den Erfolg.

Ohne ehrliches Interesse für den Kandidaten sind die Erfolgsaussichten des Recruiters gering!

Was schon für den Erstkontakt gilt, gilt natürlich noch mehr für das Sponsorgespräch.
Aber welche konkreten Tools gibt es, um hier Vertrauen und eine persönliche Beziehung aufzubauen?

Phase 2: Vertrauen

b) Wie man schon zu Beginn des Sponsorgesprächs miteinander „warm wird"

Man kann es immer wieder auch im Alltag feststellen: Oftmals werden Menschen, die sich vorher sehr distanziert gegenübergestanden sind, durch ein gemeinsames Thema zu den besten Freunden.

Gemeinsame Themen schaffen rasch Vertrautheit

Durch das schnelle Finden eines solchen gemeinsamen Themas kann man sich im Idealfall ein langes und mühsames Warm-up im Sponsorgespräch ersparen!

Der Trick ist: Sie bringen möglichst früh im Gespräch eine Bemerkung, einen Ausspruch oder ein Argument, das Sie als Insider auf einem Gebiet ausweist, auf dem Ihr Kandidat zu Hause ist.

So zeigen Sie sich sozusagen als „Komplize" Ihres neuen Kontakts, und es entsteht schnell und ganz spontan Vertrautheit.

Beispielsweise wird ein Mediengestalter, der in der Buchbranche arbeitet – wenn er Humor hat –, gleich auflachen, wenn man ihn fragt: „Wie viele Hurenkinder haben denn Sie schon gezeugt?" (Für Unkundige: Als „Hurenkind" bezeichnet man es, wenn ein Absatz in der ersten Zeile einer neuen Spalte endet – eine Angelegenheit, die in der Branche verpönt ist.)

Das Ganze ist im Prinzip eine Sache von Ideenreichtum und Fingerspitzengefühl. Und vor allem von intensiver Vorabrecherche und Informiertheit wie unter Baustein 2 (ab Seite 49) dargestellt.

Baustein 4: Insidergeschichten installieren

Der erste Schritt ist, sich die Frage zu stellen: Auf welchem der Gebiete, die den Gesprächspartner interessieren, hat man Insiderinformationen?
Gute Ansatzpunkte, um eine Insidergeschichte zu finden, sind Interessen oder Hobbys des anderen, über die man Bescheid weiß, oder seine berufliche Umgebung.

Aber auch wenn die Gemeinsamkeiten zwischen Ihnen und Ihrem Interessenten etwas spärlicher sind, lässt sich mit etwas Nachdenken, Umhören, Recherche und Einfühlung fast immer eine Insidergeschichte platzieren!
Hier ist Findigkeit gefragt und dass man stets die Augen und Ohren offen hält.
Vielleicht haben Sie ja sogar einen Verwandten oder Bekannten, der in der gleichen Branche tätig ist wie Ihr neuer Kontakt, oder der Sportverein, in dem Sie sind, hat eine Abteilung mit dessen Lieblingssportart – und schon wissen Sie, wen Sie „aushorchen" könnten.
Der Internetexperte wiederum wird sich sicher so manche interessante Information „ergoogeln" !

Auf welchem der Gebiete, die den Gesprächspartner interessieren, hat man Insiderinformationen?

Wo man sich Insiderinformationen besorgen kann

Phase 2: Vertrauen

c) Insidergeschichten für verschiedene Berufsgruppen

Um Ihnen die Arbeit etwas zu erleichtern, haben wir Ihnen hier Insiderfragen für eine ganze Reihe von gängigen Berufsgruppen zusammengestellt, die Sie für Ihr Sponsorgespräch verwerten können:

Kfz-Mechatroniker:

- *Stimmt es, dass bei euch in jedem Spind ein Pin-up-Kalender hängt?*

- *Stimmt das eigentlich, dass ihr im Insiderchargon Schrauber heißt?*

- *Die ersten drei Takte beim Viertakter sind Ansaugen, Verdichten, Arbeiten, aber was war gleich wieder der vierte?*

Friseuse:

- *Wer sind eigentlich die besseren Friseure: Männer oder Frauen?*

Banker:

- *Stimmt das, dass der Banker der ist, den man auf Knien anflehen muss, dass er einem was verkauft, und er kriegt's trotzdem nicht hin?* ☺

Baustein 4: Insidergeschichten installieren

Physiotherapeut:

- *Welche Muskeln gehören zur Rotatorenmanschette?* (Hintergund: Die Namen dieser Muskeln muss bei der Ausbildung jeder büffeln, aber jeder vergisst sie gleich wieder.)

Sekretärin:

- *Schreibt man in der heutigen Zeit noch Steno?*

- *Wie lange hat es bei Ihnen gedauert, bis Sie das Zehnfingersystem konnten?*

Maurer:

- *Läuft das bei euch auch so: ein Stein, ein Kalk, ein Bier?* ☺

Lkw-Fahrer:

- *Stimmt das, dass manche Lkw-Fahrer eine schönere Wohnstube im Fahrzeug haben als zu Hause?*

Informatiker:

- *Stimmt das eigentlich, dass man als Informatiker seinen Job ganz von zu Hause aus machen kann, weil man sowieso übers Internet auf jede Seite zugreifen kann?*

Phase 2: Vertrauen

Zahntechniker:

- *Stimmt das, dass inzwischen mehr Prothesen für Deutsche in Polen und Ungarn gefertigt werden als in Deutschland?*

Gastronom:

- *Ist das bei euch auch so, dass es so große saisonale Unterschiede gibt?*

Boutiquebesitzerin:

- *Stimmt das eigentlich, dass es nichts Neues gibt und bloß das Alte nach ein paar Jahren wieder Mode wird?*

Lehrer:

- *Stimmt das, dass der Schüler heute mehr darf als der Lehrer?*

Steuerberater:

- *Stimmt das, dass der Steuerberater seine Steuererklärung jedes Jahr als Allerletzter abgibt?*

Baustein 4: Insidergeschichten installieren

DAS WICHTIGSTE IN KÜRZE

1. Die erste Aufgabe des Networkers zu Beginn des Sponsorgespräches ist es, möglichst schnell eine persönliche Beziehung zu seinem Kandidaten aufzubauen und sein Vertrauen zu gewinnen.

2. Dafür erweisen sich sogenannte „Insidergeschichten/-fragen" als probates Mittel: Sie schaffen Nähe, indem Sie Insiderwissen platzieren, welches Ihnen und dem Kandidaten gemeinsam ist.

3. Als Ansatzpunkt hierfür bieten sich gemeinsame Interessen, Hobbys, Vita oder Wissen über Interna aus dem Beruf des Kandidaten an.

Phase 2: Vertrauen

DIE SEITE FÜR SIE: FINDEN SIE WEITERE INSIDERGESCHICHTEN /-FRAGEN

Hier können Sie sich üben und Insidergeschichten zu weiteren Berufsgruppen finden:

- **Arzt:**

  _____

- **Hotelangestellte(r):**

  _____

- **Bäcker:**

  _____

- **Taxifahrer:**

  _____

Baustein 4: Insidergeschichten installieren

- **Eisenbahner:**

  _____

- **Callcenter-Mitarbeiterin:**

  _____

- **Angestellte(r) im Einzelhandel:**

  _____

- **Polizist:**

  _____

- **Zeitsoldat:**

  _____

Phase 2: Vertrauen

- **Schauspieler:**

  _____

- **Arzthelferin:**

  _____

- **Krankenschwester:**

  _____

- **Fitnesstrainer:**

  _____

- **Autoverkäufer:**

  _____

Baustein 4: Insidergeschichten installieren

- **Heilpraktiker:**

  _____

- **Hotelfachfrau:**

  _____

- **Gastronomiebedienung:**

  _____

Weitere Berufe:

- _____:

  _____

- _____:

  _____

Phase 2: Vertrauen

- _____ :
  _____

- _____ :
  _____

- _____ :
  _____

- _____ :
  _____

PHASE 2: VERTRAUEN

Baustein 5: Vertrauensvorschuss platzieren

Phase 2: Vertrauen

a) Herausforderungen im klassischen Zweiergespräch

Dank der „Insidergeschichte/-frage" sind wir jetzt mit unserem potenziellen Partner schon etwas „warm geworden". Trotzdem kann es gerade zu Gesprächsbeginn sein, dass der Gesprächsfluss noch ein wenig zäh ist.

Oftmals ist man sich als Rekrutierender zum Beispiel nicht sicher, wann man konkret damit beginnen sollte, vom Geschäft zu sprechen. Und auch der Gesprächspartner fühlt sich unsicher, weil er nicht recht weiß, was auf ihn zukommt. So geht es auch in dieser Phase oft noch recht steif zu.

Nicht zu früh vom Geschäft reden!

Grundsätzlich raten wir davon ab, frühzeitig mit der Geschäftspräsentation zu beginnen. Tendenziell beginnt jeder Networker zu früh damit!
Besser ist es, erst weiter Vertrauen aufzubauen, bevor man zur Sache kommt. Gerade wenn man sich noch nicht sicher ist, ob die „Stimmung passt"!

Ein wenig von sich preiszugeben, baut Vertrauen auf

Um das noch fehlende Vertrauen schnell aufzubauen und noch mehr Nähe zu schaffen, gibt es ein ganz probates Mittel: Erzählen Sie etwas über sich selbst! Geben Sie Ihrem Interessenten einen, wie wir sagen, „Vertrauensvorschuss"!
Wenn Sie das richtig anstellen, schlagen Sie dabei gleich mehrere Fliegen mit einer Klappe. Denn abgesehen vom Vertrauensaufbau können Sie dabei schon beginnen,

Baustein 5: Vertrauensvorschuss platzieren

Ihren Kandidaten heiß auf die Bekanntschaft mit Ihrem Geschäftsmodell zu machen – denn Sie können jetzt schon „vorbeirekrutieren" oder auch „vorbeiverkaufen". Das bedeutet, ihm die Geschichte so zu erzählen, dass man ihn nicht direkt anspricht, dass er sich aber im Idealfall darin wiederfindet.

„Vorbeirekrutieren": den Kandidaten „heiß machen", ohne ihn direkt anzusprechen

Das Geheimnis an der Sache ist dabei, dass Sie Ihren Lebenslauf in einer bestimmten Weise erzählen, nämlich als „Heldenreise". Wie das funktioniert, erfahren Sie auf den folgenden Seiten.

Phase 2: Vertrauen

b) Ihre „Heldenreise"

Wenn die Geschichte, die Sie über sich erzählen, „ankommen" soll, muss sie zwei Eigenschaften haben:

1 Sie ist etwas Ungewöhnliches.
Die Menschen sind heutzutage von Storys verwöhnt und übersättigt. In den Medien kann man immer wieder von sensationellen Karrieren lesen, und diverse TV-Formate und die einschlägigen Castingshows leben geradezu von dem Prinzip „Vom Hartz-IV-Empfänger zum Superstar" oder „Vom Säufer zum Läufer".

2 Die Menschen können sich mit vielem darin identifizieren.
Damit sich Ihr Gesprächspartner für Ihre Geschichte interessiert, muss er sich in ihr wiederfinden. Er muss das Gefühl haben: „Bei mir war das auch so" oder „Mir könnte es genauso ergehen".

Wichtig: das Happy End bzw. die positive Tendenz

Die Geschichte hat ein Happy End oder eine positive Tendenz: Das ist der wichtigste Trick an der Sache!

Hier hat sich das schon angesprochene Prinzip bewährt, dass Sie Ihren Lebenslauf als Heldenreise („Quest") erzählen.

Das ist ursprünglich ein wissenschaftlicher Begriff, mit dem man gemeinsame Elemente von Mythen, Romanen und Filmen erfassen wollte, in denen eine starke Einzelpersönlichkeit eine Reihe von schwierigen Situationen zu

Baustein 5: Vertrauensvorschuss platzieren

bestehen hat und die alle nach einem festen Muster aufgebaut sind.

Einem ähnlichen Muster folgt auch die „Heldenreise" in unserem Sinne. Ihr Grundprinzip ist das Schema „From Zero to Hero": von der grauen Maus zum erfolgreichen Unternehmer.

„From Zero to Hero"

Sie sollte aus folgenden Elementen bestehen:
1. Ihr Werdegang vor Network-Marketing
2. Eine Krise
3. Wie Sie Networker wurden
4. Ihr Werdegang/Ihre Karriere im Network.

Ihr Werdegang vor Network-Marketing

Erzählen Sie Ihren Werdegang knapp, aber so, dass möglichst viele potenzielle Identifikationspunkte für Ihren Kandidaten enthalten sind. Vielleicht haben Sie bei Ihren bisherigen Recherchen schon Gemeinsamkeiten gefunden. Ansonsten können Sie ja verschiedene Stationen Ihres Berufes oder Ihrer Ausbildung skizzieren.

Möglichst viele potenzielle Identifikationspunkte für Ihren Kandidaten einbauen

Eine Krise

Bevor Sie mit Network-Marketing begannen, waren Sie in einer Situation, in der Sie nicht recht wussten, wie es weitergeht.

Sie können in diesem Zusammenhang auch auf echte Schwierigkeiten hinweisen, in denen Sie steckten. Sprechen Sie ohne Scheu finanzielle Tiefschläge, familiäre Herausforderungen, Beziehungskrisen oder persönliche sowie gesundheitliche Probleme an.

Echte Probleme sollten offen angesprochen werden

Phase 2: Vertrauen

Folgende Formulierungen haben sich in diesem Zusammenhang bewährt:

Mögliche Formulierungen für die Darstellung der Krisenphase

- *Ich war irgendwie auf der Suche.*
- *Es lief nicht alles optimal.*
- *Auch in der Beziehung kriselte es.*

Wie Sie Networker wurden

Die Erzählung über diese Phase sollte folgende Grundstruktur haben: Sie hatten großes Glück. Sie lernten jemanden kennen, der Ihnen die fantastischen Möglichkeiten von Network-Marketing zeigte und Sie ins Geschäft brachte. Malen Sie das ruhig sehr farbig aus und betonen Sie die Rolle Ihres Mentors oder Förderers – denn genau das wollen ja Sie möglichst bald für Ihren Kandidaten auch werden. Deuten Sie bei Bedarf ruhig auch anfängliche Skepsis an (Einwandvorwegnahme!) – vermutlich ist Ihr Gesprächspartner ja auch etwas skeptisch.

Ihr großes Glück: Sie lernten Ihren heutigen Mentor kennen.

Hierbei macht es Sinn, mit sehr emotionalen Begrifflichkeiten und Äußerungen zu arbeiten, um den Gesprächspartner auch auf der Gefühlsebene zu erreichen:

Mögliche Formulierungen für die Darstellung Ihres Starts im Network

- *Ich hatte Glück im Unglück.*
- *Ich weiß nicht, ob es Zufall war oder Bestimmung ...*
- *Es gibt ja keine Zufälle im Leben, und so hatte ich die Chance ...*
- *Ich war genau zur richtigen Zeit am richtigen Ort.*
- *Durch Beziehungen bin ich auf eine Sache gestoßen.*
- *An dem Tag, wo ich XY kennengelernt habe, hatte ich meinen persönlichen Hauptgewinn.*

SUPER SPONSOR SYSTEM

Baustein 5: Vertrauensvorschuss platzieren

- *Heute feiere ich zweimal im Jahr Geburtstag: einmal meinen eigenen und einmal die Geburtsstunde meines zweiten Standbeines.*
- *Ich wusste nicht recht, was auf mich zukommt, habe aber vertraut.*
- *Er hat mich zum Erfolg geführt.*
- *Ich habe eine berufliche Heimat gefunden.*
- *Ich habe schon immer jemanden gesucht, der mich „an die Hand nimmt".*

Ihr Werdegang / Ihre Karriere im Network

Erzählen Sie hier ehrlich, wie es am Anfang lief, dass es vielleicht nicht immer einfach war – Ihr Kandidat soll wissen, dass auch beim Network-Marketing die Bäume nicht in den Himmel wachsen und dass man Geduld und Durchhaltevermögen braucht.

Dann berichten Sie von Ihrer heutigen Position und Ihrem positiven Werdegang. Weniger über die Produkte als über die Menschen, mit denen Sie zusammenarbeiten, die Sie rekrutiert und aufgebaut haben, für die Sie verantwortlich sind. Je mehr Sie über das Thema Menschen, Personal und Ausbildung reden, desto mehr kommunizieren Sie, dass es um einen Job als zukünftiger Coach und möglicherweise sogar als Führungskraft geht.

Reden Sie möglichst viel über die Menschen in Ihrer Struktur!

Hierzu gibt es folgende möglichen Textbausteine:
- *Jetzt bin ich, als Quereinsteiger in der Branche, für … Leute verantwortlich.*
- *Ich mache heute alles, was mit Geschäftsaufbau, Personal, Teambuilding zu tun hat.*

Mögliche Formulierungen für die Darstellung Ihrer Network-Karriere

Phase 2: Vertrauen

- *Ich bin verantwortlich für den überregionalen Geschäftsaufbau.*
- *Meine Aufgabengebiete erstrecken sich über die Organisation von Partys bis hin zur Begleitung meiner Teampartner zu Interessentengesprächen.*
- *Mittlerweile bin ich sogar zuständig für bestimmte Teile der Ausbildung und des Personalmarketings.*

Ihre Heldenreise sollten Sie immer präsent haben!

Ihre Heldenreise sollten Sie immer fertig „im Gepäck" haben. Es ist Ihre Story.
Wenn Sie so eine Geschichte noch nicht haben, sollten Sie das so schnell wie möglich ändern und Ihre persönliche Heldenreise kreieren. Und zwar schriftlich! Weiterhin sollten Sie dafür sorgen, dass diese nicht nur auf dem Rechner oder/und auf dem Papier präsent ist, sondern auch in Ihrem Kopf. Abrufbar, immer und überall! Wenn nötig, auswendig gelernt.

Identifikation schaffen …

Wie Sie schon beim aufmerksamen Lesen des vorhergehenden Abschnitts gemerkt haben, besteht die Kunst bei der Sache vor allem darin, Identifikation zu schaffen. Das erreichen Sie mit einer möglichst großen Bandbreite an unterschiedlichen Themen, die Sie anbieten – finanzielle Gesichtspunkte sollten genauso vorkommen wie Beziehungs- und Familienangelegenheiten, Berufliches genauso wie Hobbys und Privates.

… und sein Gegenüber ein wenig „austesten"

All das verfolgt noch einen anderen Zweck: Es sind unterschiedliche „Köder", mit denen Sie Ihre Gesprächspartner immer wieder „antriggern". Achten Sie, wenn Sie solche

Baustein 5: Vertrauensvorschuss platzieren

„Köder" auslegen, genau darauf, welchen Ihr Gegenüber am bereitwilligsten schluckt, worauf er am stärksten reagiert. So können Sie sich ein immer besseres Bild seiner Bedürfnislage machen, wo seine Motivationspunkte, seine „Hot Buttons", liegen und das Gespräch dann in genau dieser Richtung weiter ausbauen.

Es hat sich bewährt, das Grundgerüst der Heldenreise immer gleich zu lassen. Mit ein bisschen Übung wird man immer in der Lage sein, Details aufgrund der eigenen Recherchen zum Kandidaten (Baustein 2, ab Seite 49) zu „frisieren", je nachdem, wo man bei ihm „empfängliche Stellen" sieht.

Das feste Grundgerüst der Heldenreise je nach (vermutlichen) Interessen des Kandidaten jeweils nur in Details variieren

c) Beispiele für Heldenreisen

Beispiel 1

Studiert habe ich Wirtschaftswissenschaften in Köln – und dieses Studium mit dem Diplom abgeschlossen. Danach fing ich bei einer Pharmafirma an und habe mich über verschiedene Stationen in Vertrieb und Marketing hocharbeiten können.
Bis es kam, wie es kommen musste. Ich lernte meinen Mann kennen und bekam mit ihm zwei Kinder.

Jetzt folgte die Elternzeit. Bei mir begann es zu gären. Einerseits wollte ich wieder arbeiten. Andererseits hatte ich es schätzen gelernt, Zeit für die Familie zu haben. Gleichzeitig wurde mir klar, dass ich ein zweites Standbein brauchte. Ich war überzeugt, dass es in der heutigen wirtschaftlichen Situation unvernünftig ist, sich auf eine Sache zu fokussieren. Kann man heute noch davon ausgehen, eine Lebensstellung zu besitzen und bis zur Rente bei der gleichen Firma zu bleiben?

Da war es ein Glück, dass ich eine Führungskraft aus einem Unternehmen kennenlernte, das Beratung in Sachen Ernährung und Gesundheit macht. Sie hat mir ein Modell angeboten, wie ich mit freier Zeiteinteilung nebenher arbeiten konnte – das gleiche Modell, über das ich mit dir heute auch noch reden will.
Ich hab mir das einmal angehört, und nachdem es ja nur ein zweites Standbein sein sollte, habe ich mir gedacht: Da verliere ich nichts.

Baustein 5: Vertrauensvorschuss platzieren

Bei meiner alten Firma bin ich jetzt nur noch auf Teilzeitbasis eingestiegen.
Allmählich merkte ich, dass es immer schwieriger wurde, allen und allem gerecht zu werden – insbesondere wenn Ferien waren oder jemand krank wurde.

So habe ich mich schließlich vor zwei Jahren entschieden, einen Aufhebungsvertrag in meinem Hauptjob zu unterschreiben. Seitdem lege ich meinen Fokus voll und ganz auf mein bis dahin zweites Standbein als Beraterin. Ich kann das realisieren, weil ich eine Möglichkeit gefunden habe, mir ohne Risiko und ohne Investitionen eine Selbstständigkeit aufzubauen, in der ich Zeit, Geld und Gesundheit in ein optimales Gleichgewicht bringen kann.

So weit zu mir – ein paar kurze Ausführungen, damit du ein wenig Gefühl dafür bekommst, wie mein persönlicher Werdegang war. Aber du hast bestimmt auch eine Menge zu erzählen ...

Beispiel 2

Ich habe mit 16 einen ganz normalen technischen Beruf gelernt – BMSR, wenn dir das was sagt – und bin dann aus persönlichem Interesse umgesattelt zur Physiotherapie.
Dort war allerdings nicht so viel zu verdienen, und deswegen habe ich mich dann entschlossen, noch mal ein Studium aufzunehmen. Das war Psychologie damals in Halle an der Saale.
Um das Ganze zu finanzieren, habe ich nebenher als Fitnesstrainer und als Türsteher gejobbt!

SUPER SPONSOR SYSTEM
Phase 2: Vertrauen

Nach relativ kurzer Zeit habe ich für mich dann erkannt, dass ich mit den Leuten beim Studium gar nicht so richtig klarkam, und wie es der Teufel wollte, lief auch noch einiges andere schief.

Es hat aber nicht nur karrieremäßig gekriselt bei mir, ich hatte auch einen Unfall mit dem Auto und musste einen relativ großen Schaden bezahlen. Und meine Freundin war auch nicht mehr so zufrieden mit mir!

Die Situation war also alles andere als optimal, und ich war so ein bisschen auf der Suche. Ich weiß zwar nicht wonach, aber ich wusste, dass es da noch mehr geben musste!

Ich weiß nicht, ob es Zufall war oder Bestimmung. Auf alle Fälle habe ich zu dieser Zeit jemanden kennengelernt, der damals schon geschäftlich unheimlich erfolgreich war! Der hat mir genau das nahegebracht, über das wir auch heute reden wollen, und hat mich dann auch persönlich betreut, eingearbeitet und mir zum Erfolg verholfen.

Damals hatte ich in relativ kurzer Zeit meine finanziellen und persönlichen Herausforderungen gemeistert und nun auch beruflich meine Heimat gefunden.

Jetzt bin ich sozusagen als Quereinsteiger schon vier Jahre erfolgreich in dieser Branche tätig, leite hier das Büro in München und bin zuständig für ein Team von über 50 Geschäftspartnern. Ich mache also alles, was mit Personal, Ausbildung und Teambuilding zu tun hat, und habe mittlerweile auch schon recht vielen Leuten persönlich weiterhelfen können! So weit zu mir – ein paar kurze Ausführungen, damit du ein wenig Gefühl dafür bekommst, wie mein persönlicher Werdegang war.

Aber du hast bestimmt auch eine Menge zu erzählen …

Beispiel 3

Schon mein ganzes Leben lang bin ich selbstständig. Ich konnte mir nie etwas anders vorstellen, und so habe ich in den letzten 20 Jahren auch nie etwas anderes gemacht. Mein eigener Chef und nicht auf andere angewiesen zu sein, tun und lassen zu können, was ich will, das war schon immer mein Ding.
Am Anfang entwickelten sich die Geschäfte im Bereich XY noch gut, es gab an jeder Ecke etwas zu verdienen, und die Märkte und Kunden waren auch offen und leichter zu überzeugen.

In den letzten Jahren habe ich aber massiv einige bedenkliche Veränderungen am eigenen Leibe zu spüren bekommen. Wir haben hier in der Region immer mehr Konkurrenzkampf, die Zahlungsmoral der Kunden geht zurück, und die Mitbewerber aus Billiglohnländern sind fast nicht mehr zu schlagen. Außerdem hat man immer mehr Ärger mit Angestellten, der Bürokratie und irgendwelchen administrativen Dingen.
Durch den ganzen Stress und die ständige mentale Anspannung hatte ich auch einige gesundheitliche Aussetzer, bis hin zum Gedanken, alles hinzuwerfen und komplett abzubrechen.

SUPER SPONSOR SYSTEM

Phase 2: Vertrauen

Über gute Beziehungen hatte ich dann vor gut einem Jahr das riesige Glück, ein paar sehr intelligente und innovative Unternehmer kennenzulernen. Im Prinzip Menschen wie du und ich, allerdings schienen diese Typen irgendwie alles richtig zu machen, denn sie hatten alles, was mir zu diesem Zeitpunkt fehlte: ein Geschäftsmodell, in dem es gewaltige Zukunftsperspektiven gibt, nahezu konkurrenzlose Produkte, ein Partnerunternehmen, welches die komplette Administration und Verwaltung übernimmt, und ein Arbeitsklima, welches eher kooperativ geprägt ist als von Konkurrenzkampf.

Ich habe mich mehrere Wochen intensiv mit diesem Geschäftsmodell beschäftigt und bin schlussendlich in Übereinstimmung mit all meinen Beratern zu der Entscheidung gekommen, dass dieses Modell in Zukunft auch zu meiner Existenzsicherung dienen sollte. Meine Trumpfkarte quasi, auf die ich schon so lange gewartet hatte.

Heute generiere ich schon die Hälfte meiner Einkünfte aus diesem System und kann so auch mein Hauptgeschäft viel relaxter angehen. Ich hätte nie gedacht, dass alleine die Gewissheit, nicht von einem einzigen Geschäft abhängig zu sein, so viel zur Verbesserung der persönlichen, geschäftlichen und gesundheitlichen Gesamtsituation beiträgt.

Das Schöne dabei ist: Ich tue genau die Dinge, die ich schon immer gemacht habe. Ich präsentiere Produkte, gewinne neue Geschäftspartner für meine Unternehmen, bilde diese aus und partizipiere überdurchschnitt-

Baustein 5: Vertrauensvorschuss platzieren

lich. Das Neue daran ist, ich muss nicht immer selbst in der Firma präsent sein und habe auch dann finanzielle Vorteile, wenn ich mal nicht selbst arbeite. Ich bin also nicht mehr das System, sondern habe mir ein System geschaffen, von dem ich profitiere.

So weit ein paar kurze Ausführungen zu mir, damit du ein wenig Gefühl dafür bekommst, wie mein persönlicher Werdegang war. Aber du hast bestimmt auch eine Menge zu erzählen … Wie war das denn bei dir?

Beispiel 4
Wenn man schon ein paar Jahre auf der Uhr hat, dann hat man logischerweise schon so einiges erlebt. Genauso war es bei mir.
Erst die Lehrjahre, dann ein erfülltes und langjähriges Berufsleben, Familie und das ganze Auf und Ab, was so dazugehört. Alles in allem war ich in drei unterschiedlichen Berufen tätig, musste mich immer wieder weiterbilden und flexibel auf Veränderungen im Job reagieren. Ich für meinen Teil kann sagen, dass mich der Job immer gefordert und gleichzeitig auch jung gehalten hat. Irgendwie hat man das Gefühl, dass man gebraucht wird, und das gibt einem auch ein gutes Selbstwertgefühl.

Na ja, man denkt ja auch immer, dass man von allem verschont bleibt, aber bis vor ein paar Jahren hatte auch ich immer nur in der Zeitung davon gelesen, dass Menschen über 55 Jahre auf dem Arbeitsmarkt nicht mehr so gefragt sind. Irgendwie hat mich das alles nicht interessiert.

SUPER SPONSOR SYSTEM

Phase 2: Vertrauen

Bis zu dem Zeitpunkt, als ich von meinem langjährigen Arbeitgeber entlassen wurde. Da hieß es, die Älteren seien unflexibel, nicht belastbar, zu teuer etc.
Da bin ich in ein ganz gewaltiges mentales Loch gefallen. Arbeitslosigkeit, Rechtsstreit, Jobsuche, Bewerbungen und der ganz Kram. Das ging mehrere Monate so, allerdings ohne Erfolg.

Genau in dem Moment, als ich so ziemlich am stimmungsmäßigen Tiefpunkt angekommen war, hatte ich dann doch das nötige Quäntchen Glück. Ich habe durch Zufall einen alten Schulkameraden wiedergetroffen, dem es ähnlich ging wie mir. Er hatte allerdings schon viel eher die Weichen in die richtige Richtung gestellt. Er war schon während seiner Angestelltentätigkeit nebenberuflich selbstständig und hat dann, als er seinen Hauptjob verloren hatte, sofort reagieren können. Er war nicht abhängig und hat aus seinem Nebenjob sofort einen Hauptberuf gemacht. Er ist heute schon weit über sechzig und sehr, sehr erfolgreich.
Das Schöne ist, er hat auch mir die Möglichkeit gegeben, schnell wieder beruflich Fuß zu fassen. Heute engagiere ich mich mit meinem ganzen Know-how, das ich in meinem Berufsleben gesammelt habe, nur in einer anderen Branche. Ich kann alles gebrauchen und muss keine Angst vor Jobverlust haben, denn ich bin mein eigener Chef. Ich arbeite wann, wo und mit wem ich will, und das Beste ist, ich kann mein Einkommen selbst bestimmen. Das gute Gefühl, gebraucht zu werden und ständig mit netten Leuten zu tun zu haben, schätze ich am allermeisten. Außerdem bilde ich mich selbst sehr viel weiter und

Baustein 5: Vertrauensvorschuss platzieren

habe mir große Ziel gesteckt, in einem Alter, in dem die meisten schon ans Aufhören denken.

So weit ein paar kurze Ausführungen zu mir, damit du ein wenig Gefühl dafür bekommst, wie mein persönlicher Werdegang war. Aber du hast bestimmt auch eine Menge zu erzählen ... Wie war das denn bei dir?

Phase 2: Vertrauen

DAS WICHTIGSTE IN KÜRZE

Nach der Insidergeschichte für den ersten schnellen Vertrauensaufbau bietet es sich an, im Sponsor-/Rekrutierungsgespräch den eigenen Werdegang in einer positiven Dramaturgie, wir sagen auch „Heldenreise", zu erzählen.

Dabei sind folgende Gesichtspunkte entscheidend:

1. Sie bereiten Ihre Geschichte so auf, dass sie außergewöhnlich wirkt und Identifikation vermittelt.

2. Die Story folgt dem Muster „From Zero to Hero".

3. Sie macht Ihren Kandidaten neugierig und „heiß" auf Ihr Geschäftsmodell.

4. Damit Sie testen können, auf welche Themen Ihr Gegenüber am stärksten reagiert und wo seine Motivationspunkte sind, bauen Sie an möglichst vielen Stellen entsprechende „Köder" mit ein.

SUPER SPONSOR SYSTEM

Baustein 5: Vertrauensvorschuss platzieren

DIE SEITE FÜR SIE:
ERSTELLEN SIE IHRE HELDENREISE

Hier haben wir Ihnen zu jedem der vier Grundelemente der Heldenreise (wie auf Seite 141 erklärt) eine Reihe von Fragen aufgeschrieben, die es Ihnen erleichtern sollen, Ihren eigenen Text zu erstellen.
Denken Sie bei jeder Frage einige Minuten darüber nach, was Ihnen dazu einfällt und was für Ihre Gesprächspartner von Interesse sein könnte.

1 Ihr Werdegang vor Network-Marketing

- **Was waren Ihre wichtigsten Stationen in der Ausbildung?**

  _____

  _____

  _____

- **Welche waren Ihre wichtigsten Stationen im Beruf?**

  _____

  _____

Phase 2: Vertrauen

_____

_____

- **Welche privaten Details könnten noch interessant sein, auch im Hinblick auf Ihre spätere Entwicklung?**

_____

_____

_____

2   **Eine Krise**

- **Was hat Sie an Ihrem alten Beruf von Anfang an gestört?**

_____

_____

_____

Baustein 5: Vertrauensvorschuss platzieren

- **Gab es finanzielle Schwierigkeiten?**

  _____

  _____

  _____

- **Gab es Konflikte zwischen Beruf und Familie?**

  _____

  _____

  _____

- **War Ihr Familienleben / Ihre Beziehung nicht mehr intakt?**

  _____

  _____

  _____

Phase 2: Vertrauen

- Gab es weitere, davon unabhängige Punkte, mit denen Sie in Ihrem Leben unzufrieden waren?

  _____

  _____

  _____

3 Wie Sie Networker wurden

- Was war der wichtiste Grund, warum Sie sich für Network entschieden haben?

  _____

  _____

  _____

- Welche Rolle spielte Ihr Sponsor?

  _____

  _____

  _____

Baustein 5: Vertrauensvorschuss platzieren

- **Hatten Sie in der Anfangszeit Zweifel an Ihrem neuen Job im Network?**

  _____

  _____

  _____

4 **Ihre Karriere im Network**

- **Was schätzen Sie heute besonders am Network?**

  _____

  _____

  _____

SUPER SPONSOR SYSTEM

Phase 2: Vertrauen

- **Was hat sich seit der Anfangszeit verändert?**

  _____

  _____

  _____

- **Wie hat sich Ihr Einkommen entwickelt?**

  _____

  _____

  _____

- **Haben Sie besondere Erfolge aufzuweisen?**

  _____

  _____

  _____

Baustein 5: Vertrauensvorschuss platzieren

- **Sind Sie erfolgreich im Teambuilding?**

  _____

  _____

  _____

- **Was gefällt Ihnen an Ihrem Team besonders?**

  _____

  _____

  _____

PHASE 2: VERTRAUEN

Baustein 6: Bedürfnislage analysieren

Phase 2: Vertrauen

a) Die Fahndung nach den Hot Buttons

Sie haben jetzt sehr viel über sich preisgegeben – da ist es ganz natürlich, dass Sie nun auch Ihren Gesprächspartner auffordern, von sich zu erzählen. Bei unseren Beispiel-Heldenreisen im letzten Kapitel (Seite 146) ist es Ihnen wahrscheinlich schon aufgefallen: Wir hatten am Ende die Formulierung eingefügt:

So weit ein paar kurze Ausführungen zu mir, damit du ein wenig Gefühl dafür bekommst, wie mein persönlicher Werdegang war. Aber du hast bestimmt auch eine Menge zu erzählen ...

Dieser kurze Satz leitet zum nächsten Teil des Gesprächs über.
Er könnte beispielsweise auch so lauten:

So, jetzt habe ich so viel geredet. Mensch, du hast doch bestimmt auch eine Menge zu erzählen. Wie hat sich denn dein privater, beruflicher, geschäftliches Leben/Werdegang bis jetzt so entwickelt? Was gibt es denn Spannendes von Dir zu wissen?"

Bei dem Ganzen haben Sie als Recruiter natürlich einen Hintergedanken. Denn jetzt bietet sich Ihnen die Chance, durch genaues Zuhören und vor allem durch gezieltes Nachfragen die Motive und Bedürfnisse Ihres Gegenübers herauszufinden.
Beachten Sie bitte immer, dass die Informationen, die Sie jetzt bekommen, die Grundlage für Ihr späteres

---

Den anderen auffordern, von sich zu erzählen

Baustein 6: Bedürfnislage analysieren

geschäftliches Angebot sind. Das können Sie erst präsentieren, wenn Sie genug wissen!

Im Verkauf sagt man: „Kein Angebot ohne Bedarf" oder auch „Sie dürfen erst schießen, wenn Sie im Ja sind"!

Und im Prinzip, und das sollte man sich bewusst machen, ist ja ein Sponsor-/Rekrutierungsgespräch nichts anderes als ein Verkaufsgespräch – auch wenn in diesem Fall eben nicht ein Produkt, sondern ein Businessmodell oder sogar ein kompletter Lifestyle verkauft werden soll.

Das wiederum bedeutet, dass auch hier der Bedarf für eine geschäftliche Zusammenarbeit vorhanden sein oder aber geschaffen werden muss. Jeder Mensch hat oder braucht seinen persönlichen, guten Grund, ein Warum, damit er im MLM einsteigt. Wenn dieser gute Grund noch nicht offensichtlich erkennbar ist, dann ist es Ihr Job als Kommunikationsprofi, ihn sichtbar zu machen.

Der Bedarf für eine geschäftliche Zusammenarbeit muss vorhanden sein – oder aber geschaffen werden

Um diese guten Gründe sichtbar zu machen, muss es uns gelingen, die „Hot Buttons" unseres Gegenübers dingfest zu machen, seine Motivationspunkte oder die Stellen, an denen es „weh tut". Das sind gleichzeitig die Stellen, an denen er zu packen ist.

Auch wenn diese Hot Buttons bei jedem Menschen anders sind: Es gibt einige besonders verbreitete, und wenn man sich auf diese konzentriert, kann man fast jeden Gesprächspartner „knacken".

Sich auf die besonders verbreiteten „Hot Buttons" konzentrieren

Diese wichtigsten Motivationspunkte sind:
- Partnerschaft und Familie („Meine Kinder sollen mehr vom Leben haben", „Mein Partner soll nicht mehr so viel arbeiten müssen!")

Phase 2: Vertrauen

- Sicherheit und Geld (Gegensatz: Ungewissheit, Zukunftsangst)
- Selbstverwirklichung bzw. Unabhängigkeit (Streben nach Höherem)
- Gesundheit
- Zeit.

Für Sie bedeutet das, dass Sie gezielt fragen sollten nach:

Nach diesen Lebensbereichen müssen Sie gezielt fragen

1 Familie
2 Finanzen
3 Beruf
4 Gesundheit.

„Hot Button" sozialer Anschluss

Ein weiterer Hot Button sei hier noch erwähnt, weil er bei gewissen Zielgruppen eine besonders wichtige Rolle spielen kann: nämlich Heimat- oder Zusammengehörigkeitsgefühl oder auch sozialer Anschluss.

Diese Karte zu spielen, kann speziell bei Zuwanderern, Minoritäten, ausländischen Mitbürgern oder Zugezogenen Wunder wirken.

Stellen Sie sich einmal vor, ein in Sachsen geborener Networker trifft in Bayern auf einen Interessenten, der ebenfalls aus den neuen Bundesländern zugezogen ist und sich (noch) nicht so richtig heimisch fühlt. Mit dem Schlachtruf „Lasst uns Ossis in Bayern mal was zusammen machen!" wird er dessen Herz im Sturm erobern. (P.S. Selbst erlebt, selbst erprobt und dutzendfach bewährt☺!)

Wenn Ihr Gegenüber über die besagten Themen spricht oder wenn Sie ihn gezielt dazu fragen, müssen Sie

Baustein 6: Bedürfnislage analysieren

besonders darauf achten, womit er unzufrieden ist oder wo Probleme sichtbar werden. Jeder Mensch hat so etwas, auch wenn er vielleicht äußerlich recht zufrieden scheint.

Die meisten Probleme und Wehwechen erfährt man natürlich nicht in oberflächlichen Smalltalks, sondern nur in wirklich guten, tiefgründigen Gesprächen, in denen eine perfekte Vertrauenssituaiton gegeben ist.

Unzufriedenheit und Probleme sind die wichtigsten Motoren für Veränderungen im Leben eines Menschen! Hier liegt der Bedarf!

Unzufriedenheit und Probleme sind die wichtigsten Motoren für Veränderungen

Halten Sie sich als Unterstützung Ihrer Arbeit an dieser Stelle vielleicht folgende Metapher vor Augen: Sie sind der Arzt, der die Ursache der Schmerzen diagnostiziert. Sie wissen ganz genau, woher die Probleme Ihres „Patienten" kommen. Und gerade weil Sie das wissen, können Sie nun entsprechend therapieren und Ihrem Interessenten die richtige Medizin verabreichen.

Die Frage ist: Welche Vorteile Ihres Geschäftsmodells können dazu beitragen, die Probleme Ihres Gegenübers zu lösen?

Welche Vorteile Ihres Geschäftsmodells können die Probleme Ihres Gegenübers lösen?

Wenn Sie hier gut aufgepasst und die richtigen Fragen gestellt haben, sollten Sie später keine Probleme haben zu argumentieren und werden seine „Wunden" genau mit der richtigen Medizin heilen.

Phase 2: Vertrauen

b) Die richtigen Fragen stellen

Wenn Ihr Gesprächspartner jetzt anfängt, von und über sich zu erzählen, heißt es also für Sie gut hinzuhören und vor allem intelligente Zwischenfragen zu stellen, durch die Sie noch mehr Informationen erhalten.

Bei den entscheidenden Punkten, die etwas mit eventuellen „Hot Buttons" zu tun haben könnten, ist es besonders wichtig, intensiv nachzufragen.

Damit Sie sehen, wie wichtig das ist, erzähle ich Ihnen hier eine kleine Parabel:

Die Parabel vom Hasen und vom Bären

Unter den Tieren des Waldes breitet sich seit einigen Tagen große Angst aus, denn es geht das Gerücht um, dass der Bär in den Wald zurückgekehrt sei und er eine Todesliste habe. Auf dieser Todesliste, so heißt es, stehen ausnahmslos alle Waldtiere, die er nach und nach verschlingen will.

Als die Tiere diese Nachricht erhalten, macht sich schlagartig großes Entsetzen breit, und sie berufen eine Krisensitzung ein, auf der sie sich beratschlagen wollen.

Kurz nach Beginn der Sitzung, zu der sich alle Waldbewohner auf einer großen Lichtung versammelt haben, stellt sich heraus, dass der Bär in der Tat zurückgekehrt ist, aber keines der Tiere weiß genau, ob es die besagte Todesliste tatsächlich gibt.

Die meisten sind schon drauf und dran, den Wald in Windeseile zu verlassen, da sagt der Hirsch: „Wartet, ich bin

---

Durch Zwischenfragen mehr Informationen aus dem Gesprächspartner „herauskitzeln" – besonders wenn es um mögliche „Hot Buttons" geht

Baustein 6: Bedürfnislage analysieren

der Größte von euch, ich gehe zum Bären und frage einfach, was an diesem Gerücht dran ist!"

Daraufhin geht der Hirsch zum Bären und fragt: „Hey, Bär, gibt es eine Todesliste, und wenn ja, sag mir, stehe ich da drauf?"
Der Bär fletscht die Zähne und sagt: „Natürlich gibt es eine Liste, und du, Hirsch, bist der Erste, der draufsteht!"
Der Hirsch ergreift sofort die Flucht, aber ohne Erfolg. Am nächsten Tag finden die Waldtiere seinen zerfetzten Kadaver. Es sind nur noch Knochen und das Geweih übrig!

Daraufhin macht sich pure Panik breit, nur der Keiler behält die Ruhe und sagt furchtlos: „Wartet, Tiere, ich bin der Stärkste von uns, ich gehe zum Bären!"
Daraufhin macht er sich auf den Weg und findet wenig später den Bären. Der Keiler fragt selbstbewusst: „Hey, Bär, stehe ich auch auf dieser Liste?"
Der Bär antwortet mit blutrünstigem Brüllen: „Ja, Keiler, du stehst auch auf dieser Liste!"
Das ist selbst dem Keiler nicht geheuer, und er verschwindet umgehend. Auch er wird am nächsten Tag tot aufgefunden. Von ihm sind nur noch ein paar Borsten übrig.

Nun machen sich die meisten der verbliebenen Tiere endgültig auf den Weg, den Wald zu verlassen, nur ein paar wenige wollen diese Situation nicht akzeptieren.
Der Fuchs stellt sich vor die restlichen Kollegen und sagt: „Ich bin der Listigste von uns allen, lasst mich noch einmal zu dem Bären gehen."

Phase 2: Vertrauen

Gesagt, getan. Er macht sich ängstlich auf den Weg. Kaum ist er beim Bären angekommen, stellt er ihm die entscheidende Frage: „Hey, Bär, ich bin es, der schlaue Fuchs! Stehe ich auch auf deiner Todesliste?"
Der Bär brüllt aus vollem Hals: „Ja, Fuchs, natürlich stehst auch du drauf. Warum solltest du nicht draufstehen?"
Das ist dem Fuchs zu viel, und er nimmt sofort Reißaus. Aber leider kommt auch er nicht davon, und seine Überreste werden am nächsten Tag von den wenigen verbliebenen Waldbewohnern gefunden.

Der Einzige, der jetzt noch einigermaßen die Nerven behält, ist der Hase. Er sagt zu den anderen Tieren: „Mir egal, wenn ihr gehen wollt, dann geht. Aber ich verlasse meinen geliebten Wald nicht so ohne Weiteres."
Nach dieser Ansage macht er sich gleich auf den Weg zum Bären. Mit weichen Knien tritt er vor ihn und fragt mit zitternder Stimme: „Hallo Bär, sag mal, stehe ich auch auf deiner verdammten Todesliste?"
Der Bär baut sich übermächtig in voller Größe vor dem Hasen auf, zieht die Liste hervor und schreit mit blutrünstiger Stimme: „Ja, Hase, natürlich stehst du auch auf meiner Liste."
Der Hase wird ganz bleich vor Angst und ist schon im Begriff wegzulaufen.
Da hat er eine Idee! Er fragt: „Mensch Bär, kannst du mich bitte von der Liste streichen?"
Der Bär schaut den Hasen an, schaut auf seine Liste, zieht einen Stift hervor und sagt: „Kein Problem! Hase gestrichen!"

Baustein 6: Bedürfnislage analysieren

Wie diese kleine Geschichte eindrucksvoll beweist, kann die richtige Frage zur richtigen Zeit sogar lebenserhaltend sein. Sie zeigt außerdem, dass es oftmals nur „Millimeter" sind, die zwischen Erfolg und Scheitern liegen.

So ist es auch im Geschäft und ganz besonders beim „Gewinnen von neuen Geschäftspartnern"!
Bei diesen Tätigkeiten geht es zwar nicht um Leben und Tod wie in unserer Parabel. Aber über kurz oder lang doch um existenzielle Dinge.

Phase 2: Vertrauen

c) Zur Fragetechnik

**Wer fragt, der führt.
Wer zu viel fragt, der nervt.
Wer falsch fragt, erhält nicht die richtigen Informationen**

Wer fragt, der führt.
Wer zu viel fragt, der nervt.
Wer falsch fragt, erhält nicht die richtigen Informationen.
Deswegen will auch das Fragen gelernt sein.
Grund genug, hier einen Überblick über die geläufigsten Formen von Fragen und Beispiele für deren Einsatz bei der Gesprächsführung im Rekrutierungs- bzw. Sponsorgespräch zu geben.

Durch Fragen lenkt und leitet man ein Gespräch. Sie eignen sich, um eigene Ideen und Infos zu transportieren. Was aber noch viel wichtiger ist: Sie sind der Schlüssel dazu, wichtige Informationen vom Gesprächspartner zu erhalten.
In den Informationen, die wir erhalten, sind in der Regel die Motive, Bedürfnisse, Beweggründe und Träume, aber auch die Ängste unserer Gesprächspartner versteckt.
Mit guten Fragen lässt sich ein Gesprächsverlauf jederzeit in die richtige oder auch gewünschte Richtung lenken. Sie gehören deswegen zum Handwerkszeug eines jeden Kommunikationsprofis.

Machen Sie sich bewusst, dass Fragen auch dazu dienen, neue Perspektiven und Sichtweisen zu entwickeln, zum Nachdenken anzuregen, den Blickwinkel und die Anzahl der Handlungsmöglichkeiten zu erweitern sowie Alternativen und Lösungswege mit dem Interessenten gemeinsam zu gestalten.

SUPER SPONSOR SYSTEM

Baustein 6: Bedürfnislage analysieren

Konzentrieren wir uns hier an dieser Stelle auf drei unterschiedliche Formen des Fragens:
1. offene oder auch öffnende Fragen
2. interessiertes und/oder intensives Nachfragen
3. geschlossene oder auch schließende Fragen.

Wenn Sie als Networker diese drei Formen bewusst einsetzen, wird es Ihnen ohne Weiteres möglich sein, genau die Infos zu erhalten, auf die Sie auch „scharf" sind, und dem Gespräch die Richtung zu geben, die es haben soll.

Offene oder auch öffnende Fragen

- Offene Fragen laden zum detaillierten Berichten und Beschreiben ein, lenken das Sponsorgespräch in Richtung Dialog.
- Sie dienen dazu, wirklich neue Infos über den Interessenten und seine berufliche und/oder auch familiäre Situation zu bekommen.
- Sie lenken und steuern den Denk- und Suchprozess beim Interessenten.
- Sie richten sich auf die Beschreibungen beziehungsweise Schilderungen von Lebensumständen, Situationen, Erlebnissen, Geschehnissen, Beobachtungen und Gefühlen.
- Durch sie bringt man Dynamik in ein Gespräch.

Offene Fragen laden zum detaillierten Berichten und Beschreiben ein und dienen dazu, Infos über die Situation des Kandidaten zu bekommen

Hier ein paar Beispiele:

Beispiele für offene Fragen

- *Wie ist deine derzeitige berufliche Situation?*

Phase 2: Vertrauen

- *Welche Hobbys und Interessen hast du noch außer deinem Job?*

- *Wie läuft das mit der Bezahlung in deinem jetzigen Job?*

- *Wie verbringst du deine Freizeit?*

- *Welche Rolle spielt das Thema Familie in deinem Leben?*

- *Wie sieht es bei dir mit der Gesundheit aus?*

- *Welche Rolle spielen Kinder für dich?*

- *Wo verbringst du am liebsten deinen Urlaub?*

- *Wie viel Zeit bleibt dir noch für die schönen Dinge des Lebens?*

- *Was machst du am liebsten, wenn du mal nicht am Arbeiten bist?*

Interessiertes und / oder intensives Nachfragen

Die meisten verzichten beim Rekrutieren auf ausführliches Nachfragen. Sie geben sich mit den erstbesten Antworten zufrieden und kratzen damit nur an der Oberfläche. Es lohnt sich aber, eine Haltung der Neugier einzunehmen. Das schafft Zugang zum Menschen.

SUPER SPONSOR SYSTEM — Baustein 6: Bedürfnislage analysieren

Lassen Sie sich alles näher beschreiben. Fragen Sie in die Tiefe! Wenn es sein muss, und das muss es fast immer, gerne auch mehrfach.

Denn:
- Durch Nachfragen zeigt man Neugier und Interesse am Detail.
- Interessiertes Nachfragen vermittelt Ihre wertschätzende Haltung bezüglich der Informationen, die Sie vom Gesprächspartner erhalten.
- Sie beugen Missverständnissen und Meinungsverschiedenheiten vor.
- Nachfragen lädt zum nochmaligen Überlegen und Nachdenken ein.
- Man erfährt nicht nur die „schönen Gründe", sondern auch die „wahren Gründe".
- Das Vertrauensverhältnis zwischen Ihnen und dem Interessenten vertieft sich, je mehr Infos er Ihnen anvertraut.
- Sie bekommen ein klareres Bild von den Motivstrukturen und Bedürfnissen des zu Rekrutierenden.

Keine Scheu vor Nachfragen! Sie bekommen erst dadurch ein detailliertes Bild, und das Vertrauensverhältnis zum Kandidaten vertieft sich

Hier ein paar Beispiele, bezogen auf den Verdienst:

- *Was verdienst du genau in deinem Hauptjob?*

- *Wie hoch ist dein aktueller Stundenlohn?*

- *Wie viel deines Gehaltes ist fix, und wie viel bekommst du auf Provisionsbasis?*

Beispiele für Nachfragen, bezogen auf den Verdienst

Phase 2: Vertrauen

- *Bekommst du dein Geld immer pünktlich?*

- *Wie hat sich dein Gehalt in den letzten Jahren entwickelt?*

- *Wann hattest du deine letzte Lohnerhöhung?*

- *Bekommst du noch andere Bezüge in deinem Job, z. B. geldwerte Vorteile in Form von einem Firmenwagen oder Ähnlichem?*

- *Reicht dieser Verdienst, um noch ein wenig zu sparen?*

Bezogen auf das Hobby:

Beispiele für Nachfragen, bezogen auf das Hobby

- *Wie lange beschäftigst du dich schon mit dem Thema …?*

- *Ist das eigentlich kostenintensiv, wie viel muss man im Schnitt pro Monat investieren?*

- *Wie viel Zeit verbringst du pro Woche mit deinem Hobby?*

- *Was sagt deine Frau dazu, dass du so viel Zeit mit deinem Hobby verbringst?*

- *Wie hast du dir das ganze Wissen zu diesem Thema angeeignet?*

SUPER SPONSOR SYSTEM

Baustein 6: Bedürfnislage analysieren

- *Bis du in einem Verein/Verband oder machst du das ganz für dich alleine?*

- *Übst du dein Hobby zusammen mit Freunden aus oder eher allein?*

- *Hast du auch noch andere Hobbys oder ist das das einzige?*

Bezogen auf eine Krankheit/auf die Gesundheit:

- *Wie macht sich deine Krankheit bemerkbar?*

- *Wie lange kämpfst du schon mit diesem Problem?*

- *Hast du dir einmal alternativ die Meinung von anderen Medizinern eingeholt?*

- *Wie stehst du zum Thema Alternativmedizin?*

- *Ist das dein einziges Problem, oder zwickt es auch noch an anderen Stellen?*

- *Wie kommst du im Job und im Alltag mit dem Thema zurecht?*

- *Welche Behandlungsmethoden gibt es da heute?*

- *Gibt es eigentlich viele Menschen, die unter diesem Problem leiden?*

Beispiele für Nachfragen, bezogen auf Krankheit/Gesundheit

Phase 2: Vertrauen

- *Wie wird es unter diesen Umständen beruflich für dich weitergehen?*

Bezogen auf die Familie:

Beispiele für Nachfragen, bezogen auf die Familie

- *Wie lange bist du schon mit deiner Lebensgefährtin zusammen?*

- *Lebt ihr zusammen oder noch getrennt?*

- *Wie lassen sich eure Jobs mit dem Privatleben vereinbaren? Bleibt auch da noch Zeit für gemeinsame Erlebnisse?*

- *Wie sieht es mit Kindern aus, sind da bei euch welche geplant?*

- *Wie viel Zeit verbringt ihr so miteinander?*

- *Bist du ein richtiger Familienmensch?*

- *Auf welche Dinge legst du in einer Partnerschaft besonderen Wert?*

- *Verbringt ihr eure Freizeit immer gemeinsam oder bleibt da noch Platz für persönliche Freiräume?*

Ergänzende Formen des Nachfragens sind:

Ergänzende Formen des Nachfragens

- Fragen nach bestimmten Details: „Wie war das genau?"

Baustein 6: Bedürfnislage analysieren

- Fragen nach noch mehr Information: „Was noch …?"
- Fragen nach Differenzierungen: „Wodurch unterscheidet sich die jetzige Situation von der zukünftigen?"

Geschlossene oder auch schließende Fragen

- Hier ist ein Rahmen vorgegeben, in dem die Antwort zu erfolgen hat, entweder Ja oder Nein!
- Sie dienen der Kommunikation von harten Zahlen, Daten und Fakten.
- Vom befragten Interessenten kommen in der Regel keine neuen Infos hinzu.
- Diese Fragen stellt man Leuten, die von sich aus viel erzählen und zum ausführlichen Reden neigen, sie bremsen die Dynamik eines Gespräches.
- Man stellt sie, wenn keine ausführlichen Schilderungen und Beschreibungen vom Interessenten gewünscht sind.
- Sie werden eingesetzt, um möglichst bei einem Thema zu bleiben und nicht abzuschweifen.

Geschlossene Fragen werden mit „Ja" oder „Nein" beantwortet. Man setzt sie ein, damit ein Gespräch nicht „ausufert"

Auch dazu wieder ein paar Beispiele:

- *Hast du Kinder?*

- *Warst du gestern mit deiner Familie unterwegs?*

- *Willst du Alternativen zum jetzigen Job kennenlernen?*

Beispiele für geschlossene Fragen

Phase 2: Vertrauen

- *Bist du im Moment glücklich?*
- *Bist du gesund?*
- *Wie viele Jahre bist du schon im jetzigen Job tätig?*
- *Hast du genügend Freizeit?*
- *Ist dein Verdienst ausreichend?*
- *Hast du ein Hobby?*
- *Kommst du gut mit der Doppelbelastung zurecht?*

Sie können nie genug über Ihren Interessenten wissen!

Zum Schluss noch ein ganz wichtiger Grundsatz: Sie können nie genug über Ihren Interessenten wissen. Bestimmte Dinge also nur der Höflichkeit wegen zu erfragen, um sie dann möglichst schnell abzuhaken und das Geschäft in bekannter, oberflächlicher Manier zu präsentieren, macht wenig Sinn!

Es schadet nicht nur Ihnen selbst, weil Sie vielleicht vollkommen am Bedarf vorbeireden oder jemanden mit Infos „beschallen", die er gar nicht hören will, sondern führt auch dazu, dass sich Ihr Interessent unter Umständen gar nicht ernst genommen fühlt.

Denken Sie daran: Die meisten Menschen spüren intuitiv, ob jemand wirklich interessiert ist oder ob er nur so tut.

Baustein 6: Bedürfnislage analysieren

d) Acht konkrete Techniken, die den Vertrauensaufbau unterstützen

1. Stress und Druck vermeiden

Es ist keine Frage: Ein Sponsor- oder Rekrutierungsgespräch hat eine erhebliche Bedeutung für Sie. Da kann man schon einmal nervös werden.
Das ist ganz natürlich, aber wenn die Nervosität zu heftig wird, sind Sie nicht mehr in Hochform. Und auch Ihr Gegenüber merkt das (Seite 115).

Versuchen Sie daher im unmittelbaren Vorfeld des Gesprächs, die Bedeutung des Termins im großen Zusammenhang zu sehen und richtig einzuordnen. Begeben Sie sich sozusagen auf eine „höhere Warte", sehen Sie Ihre großen Ziele, dann erscheint das bevorstehende Gespräch eher klein. Dann ist Ihr Gespräch sicherlich ein Baustein für das Erreichen der großen Ziele. Aber er ist, um beim Bild zu bleiben, sicher keine tragende Wand, sodass das ganze Gebäude zusammenstürzen würde, wenn es nicht klappt.
Denken Sie an das, was Sie noch alles vorhaben, was Sie weiterbringen kann und was Sie weiterbringen wird!
Das hilft enorm, um lockerer zu werden. Und damit auch, um gegenüber Ihrem Gesprächspartner den Status zu wahren.

Das Gespräch nicht überbewerten, sondern im großen Zusammenhang sehen

Als kleines Beispiel zum Verständnis seien an dieser Stelle einmal unsere Seminare genannt: Immer wenn wir ein „neues Format" zum ersten Mal sprechen, sind wir

Phase 2: Vertrauen

natürlich auch immer mega-angespannt und aufgeregt. In solchen Situationen heben wir immer den Blick auf das, was vor uns liegt, und sehen das Große und Ganze. Wir haben zum Beispiel unsere internationale Expansion im Auge, Seminare in englischer Sprache, Bücher, Medien und vielleicht Hallen mit mehreren Tausend Zuhörern, vor denen wir sprechen.

Was also ist schon so ein kleines Seminar vor ein paar Hundert Leuten im Verhältnis dazu?

Glauben Sie uns, es hilft und befreit, groß zu denken!

2. Persönlichkeitsadaption machen

Wenn Sie Krimi-Fan sind, wissen Sie Bescheid: Da gibt es oft einen genialen Ermittler. Und warum ist dieser Ermittler genial? Weil er es versteht, sich in den Verbrecher hineinzuversetzen – so schafft er es, genau im entscheidenden Augenblick dessen Handeln exakt vorauszusagen und ihm so einen Strich durch seine Rechnung zu machen.

„Fühlen und denken wie Ihr Gegenüber"

Auch wenn Sie es (hoffentlich ☺!) nicht mit Verbrechern zu tun haben, nützt es Ihnen bei der Gewinnung von Geschäftspartnern sehr, wenn Sie ähnlich vorgehen und versuchen, so zu fühlen und zu denken wie Ihr Gegenüber (von manchen als Persönlichkeitsadaption bezeichnet).

Im Idealfall schaffen Sie es, auf diese Weise zu erspüren: Was ist für ihn wichtig? Worauf reagiert er? Wie sieht er mich?

Und so können Sie ihm genau die Argumente „servieren", die er braucht, um bei Ihnen einzusteigen.

Baustein 6: Bedürfnislage analysieren

3. Mit Krisen identifizieren

Es klingt vielleicht auf den ersten Blick zynisch, aber stimmt genau: Krisen im Leben Ihres Gegenübers sind gut für Sie. Denken Sie an Ihren eigenen Entwicklungsgang, an das, was Sie gerade in Ihrer „Heldenreise" (Seite 141) fixiert haben: Als Sie sich für Network-Marketing entschieden haben, waren Sie vermutlich auch in irgendeiner Weise in der Krise, zumindest aber auf der Suche oder ein wenig unzufrieden!

Die Krise Ihres Kandidaten ist Ihre Chance!

Will heißen: Die Krise ist nicht nur gut für Sie, sondern auf lange Sicht gesehen auch für Ihren Kandidaten. Denn Krise ist immer zugleich Chance! Das Ihrem Gegenüber beizubringen, ist Ihre Kunst.

Wenn Sie unsere Tipps zur Fragetechnik beherzigen, sollte es Ihnen ein Leichtes sein, herauszufinden, auf welchem Gebiet – Familie, Beruf, Finanzen oder Gesundheit – Ihr Gesprächspartner vielleicht gerade in einer Krise steckt und was dabei die wunden Punkte sind.

In dem Moment, in dem Ihr Gegenüber Ihnen davon erzählt, ist das oberste Gebot: Zurückhaltung üben und Verständnis zeigen! Wenn Sie jetzt, in dem Moment, wo sich Ihr Gesprächspartner „öffnet" und Ihnen auch seine schwachen Seiten offenbart, gleich mit der Tür ins Haus fallen und sofort losschießen: „Ich habe die Lösung für all deine Probleme!", dann ist das vorher so mühsam gewonnene Vertrauen auf einen Schlag wieder verspielt, und Sie können sofort einpacken.

Wenn der Kandidat von Problemen erzählt: Erst einmal zuhören, nicht gleich Lösungen präsentieren!

Phase 2: Vertrauen

Daher: Hören Sie zunächst einfach gut zu, bemühen Sie sich um ernsthaftes Verständnis und formulieren Sie in etwa in folgendem Stil:

So können sich verständnisvolle Entgegnungen anhören

- *Das kann ich mir vorstellen, dass das nicht lustig ist.*
- *Das versteh ich gut, dass dir da nicht wohl in deiner Haut ist.*
- *Ach Scheiße!*
- *So was Ähnliches habe ich auch schon erlebt, ich weiß, wie man sich da fühlt.*
- *Was ist denn da genau passiert?*
- *Wie wirkt sich denn das konkret für dich aus?*
- *Das ist nachvollziehbar, dass das nicht zufriedenstellend für dich ist.*

„Salz in die Wunde streuen"

Fragen Sie ruhig ein wenig „in die Tiefe" und streuen ein bisschen „Salz in die Wunde", das erhöht quasi den „Leidensdruck" und schafft noch mehr Bedarf, weil Ihr Kandidat sich seine eigenen Probleme selbst noch einmal vor Augen führt.

Denken Sie daran, Menschen ändern erst etwas an ihrer Situation, wenn der „Schmerz" groß genug ist. Oder haben Sie schon mal jemanden gesehen, der Kopfschmerztabletten schon prophylaktisch einnimmt?

4. Im Geiste duzen

Duzen – im Network der Normalfall

Network beruht auf guten zwischenmenschlichen Beziehungen. Um diese schnellstmöglich herzustellen und die Kommunikation zu vereinfachen, ist man deswegen in der Regel per Du!

Baustein 6: Bedürfnislage analysieren

Nun gibt es Interessenten, bei denen es – zumindest in dieser Phase – (noch) nicht angebracht oder auch möglich ist, sie zu duzen. Stellen Sie sich etwa vor, Sie haben einen erfolgreichen Geschäftsmann oder einen Akademiker an der Angel!

In diesem Fall ist es aber sehr hilfreich, wenn Sie sich zumindest vorstellen, Sie wären mit Ihrem Gesprächspartner per Du. Denn der Umgang per „Sie" bedingt immer eine gewisse Distanz, und man wirkt vielleicht sogar etwas steif.

Wenn Duzen nicht angebracht ist: Stellen Sie sich einfach vor, Sie wären per Du!

Das „Duzen im Geiste" macht Sie in Körpersprache, Tonfall und Formulierungen lockerer. So lösen sich Verkrampfungen, die Gesprächsatmosphäre wird besser, und es entsteht viel leichter Vertrautheit!

5. Insiderthemen immer wieder etablieren

Während des Gesprächs sollten Sie immer im Auge behalten, ob sich die Vertrautheit, die Sie herstellen wollen, eingestellt hat und weiterentwickelt. Es ist nie auszuschließen, dass es in dieser Hinsicht – aus welchen Gründen auch immer – etwas „hakt".

Gerade in solchen Momenten kann es eine positive Wirkung haben, wenn Sie das am Anfang (Seite 126) etablierte Insiderthema wieder aus der Schublade ziehen – so zwanglos wie irgend möglich, vielleicht in diesem Stil:

Was mir die ganze Zeit nicht aus dem Kopf geht: Als Sie damals Ihren Abschluss in ... gemacht haben, haben Sie da auch in der Praxis ... demonstrieren müssen ...?

Phase 2: Vertrauen

Bei Bedarf neues Insiderthema suchen

Unter Umständen kann es auch hilfreich sein, ein zusätzliches, neues Insiderthema zu installieren, wenn das „alte" nicht mehr greift. Auf diese Weise haben Sie immer die Möglichkeit, abhanden gekommene Vertrautheit wiederherzustellen und Ihren Gesprächspartner emotional positiv „aufzuladen"!

6. Wenn notwendig, schneller Themenwechsel

Es gibt Situationen, in denen Gespräche „einfrieren" oder sich „im Kreis drehen", vielleicht entsteht auch manchmal Uneinigkeit in bestimmten Dingen.
Eine gute Technik ist es, in diesem Falle schnell aus dem Thema herauszugehen und in ein anderes, „bequemeres" Thema zu wechseln. Das Grundprinzip lautet hier: Es ist leichter, sich einen „neuen Karren" zu suchen, als den „alten Karren" aus dem Dreck zu ziehen.

Das kann z. B. sinnvoll sein, wenn Sie eine Uneinigkeit in den Ansichten zu bestimmten Fragen aus der Religion, Politik, dem Sport oder anderen Dingen feststellen, die nichts mit dem Geschäft zu tun haben.

Lebhafte Diskussionen auf Nebenkriegsschauplätzen bringen fürs Geschäft gar nichts!

Wir haben es selbst oft am eigenen Leibe erfahren, dass wir uns in Grundsatzfragen mit Interessenten im persönlichen Gespräch nicht einig waren und mit ihnen dann genau über diese Themen heftig diskutiert haben. Anstatt das Thema zu wechseln und wieder zum Geschäftlichen zurückzukommen, haben wir uns also oft auf „Nebenkriegsschauplätzen" aufgehalten, um dort die eigene Meinung durchzusetzen, anstatt sich auf die Gewinnung des Interessenten zu fokussieren.

Baustein 6: Bedürfnislage analysieren

Oft hatten wir am Ende dann die Situation, dass wir zwar lange diskutiert und gefachsimpelt hatten, aber keinen Geschäftspartner gewinnen konnten!

7. Positives Gedankenmanagement und unbedingte Fokussierung auf die Stärken des Gesprächspartners

Der Mensch besitzt eine ganz merkwürdige Eigenschaft: Er neigt dazu, sich in allen möglichen Situationen genau an dem festzufressen, was nicht funktioniert oder was ihm nicht gefällt.

Es ist eine alte Erfahrungstatsache, dass das auch in Gesprächen immer wieder passiert: Ihnen fallen die ungepflegten Fingernägel, das billige Brillengestell oder die geschmacklose Krawatte Ihres Gegenübers auf, oder Sie ärgern sich, dass er nicht pünktlich war – und schon denken Sie in der nächsten halben Stunde an nichts anderes mehr.

Ihr Bild von Ihrem Gesprächspartner wird negativ eingefärbt, dieser merkt das auch unterbewusst, die Gesprächsatmosphäre wird negativ, und die Voraussetzungen für einen Abschluss und eine erfolgreiche künftige Zusammenarbeit sind plötzlich gar nicht mehr gut.

Gehen Sie damit ganz bewusst um.
Sagen Sie sich: „Ja, er hat ungepflegte Fingernägel. Aber seine Kleidung ist wirklich top."
Oder: „Ja, sie ist zu spät gekommen. Aber mit ihrem Lächeln hat die bei allen Leuten sofort einen Stein im Brett."

Setzen Sie negativen Eindrücken von Ihrem Gesprächspartner bewusst positive entgegen!

Der Trick dabei ist: Sie verdrängen damit Ihren negativen Eindruck und sorgen dafür, dass bei Ihnen das im Kopf hängen bleibt, was positiv ist.

8. Entscheiden Sie rational, was Sie persönlich nehmen und was nicht!

In jedem Gespräch kann es einmal vorkommen, dass unser Gegenüber ein hartes Argument oder einen Vorwurf bringt. Möglicherweise auch noch in einem unfreundlichen Tonfall. Vielleicht erwischt er uns aber auch ganz unabsichtlich an einem wunden Punkt.

In so einem Fall ist man geneigt, scharf zurückzuschießen.

Wenn Sie sich persönlich getroffen fühlen: Nicht zurückschießen – erst einmal tief durchatmen und beruhigen!

Besser, man gibt diesem Impuls nicht nach! Lieber erst einmal tief durchatmen, sich beruhigen und überlegen, wie man am besten reagiert.

Wenn man jetzt das noch größere Geschütz auffährt, ist das Gespräch mit an Sicherheit grenzender Wahrscheinlichkeit beendet. Dann hat man vielleicht etwas fürs Ego getan, aber einen potenziellen Partner verloren.

Es stellt sich also wieder einmal die alte Frage: Ego oder Umsatz?!

Motto: Alles ist positiv!

Merken Sie sich bitte: Egal was im Gespräch passiert, egal was Ihr Gesprächspartner sagt: Alles ist positiv! Wirklich alles! Selbst wenn es Sie emotional trifft und vielleicht sogar negativ berührt, dann müssen Sie das im Gespräch noch lange nicht zeigen. Das kann man lernen und konditionieren. Die Devise lautet: Im Gespräch „scheint Ihnen die Sonne aus dem Arsch", selbst wenn es „Scheiße vom Himmel regnet".

Baustein 6: Bedürfnislage analysieren

DAS WICHTIGSTE IN KÜRZE

1 Nach dem „Vertrauensvorschuss", den Sie Ihrem Kandidaten durch das Erzählen Ihrer Lebensgeschichte gegeben haben, wird er umso lieber bereit sein, auch von sich selbst zu erzählen.
Ihre Aufgabe ist es jetzt, aufmerksam zuzuhören und durch gezieltes Nachfragen so zu lenken, dass Sie etwas über die Motive und Bedürfnisse Ihres Gegenübers erfahren.

2 Konzentrieren Sie sich vor allem auf die Bereiche:
   - Familie
   - Finanzen
   - Beruf
   - Gesundheit.

   Besonders interessant sind für Sie in diesem Zusammenhang Punkte, mit denen Ihr Gegenüber aktuell unzufrieden ist, oder Probleme und Krisen in dem einen oder anderen Bereich. Denn hier ist seine Bereitschaft, an seinem bisherigen Leben etwas zu ändern, am größten.

3 Bemühen Sie sich bei alledem um eine gute, vertrauensvolle Gesprächsatmosphäre, damit die Bereitschaft des anderen, auch über sehr persönliche Dinge Auskunft zu geben, gefördert wird.

SUPER SPONSOR SYSTEM

Phase 2: Vertrauen

DIE SEITE FÜR SIE:
TRAINING MACHT FIT

Sie können die in diesem Kapitel dargelegte Fragetechnik mit einem/r Teampartner(in) trainieren, zu dem / der Sie besonderes Vertrauen haben.

1   Geben Sie ihm / ihr vorab dieses Kapitel zu lesen.

2   Spielen einmal Sie den Interessenten und Ihr/e Partner(in) den Rekrutierenden, dann umgekehrt. Kitzeln Sie sich gegenseitig nach der hier eben dargelegten Methode alle Informationen heraus, die Sie für wichtig halten.

3   Zum Schluss sollten Sie sich gegenseitiges Feedback geben:
    Was an dem Testlauf hat gut funktioniert, wo gibt es Verbesserungsbedarf, wie kann man noch detaillierter „in die Tiefe" fragen?

PHASE 3: VERBINDUNG

Baustein 7: Emotionale Anpassung an den Gesprächspartner

SUPER SPONSOR SYSTEM

| Baustein 1: Menschenkenntnis | Baustein 2: Profiling | Baustein 3: Mentale und organisatorische Vorbereitung | Baustein 4: Insidergeschichten installieren | Baustein 5: Vertrauensvorschuss platzieren | Baustein 6: Bedürfnislage analysieren | Baustein 7: Emotionale Anpassung an den Gesprächspartner | Baustein 8: Geschäftspräsentation | Baustein 9: Abschluss |

PHASE 1: VORBEREITUNG | **PHASE 2: VERTRAUEN** | **PHASE 3: VERBINDUNG**

Phase 3: Verbindung

a) Ihr Ziel: eine Entscheidung herbeiführen

Erinnern Sie sich an Ihr eigenes Sponsorgespräch? Wahrscheinlich war es bei Ihnen genauso: Sie waren hin- und hergerissen zwischen der Angst, versagen zu können, und der Faszination von dem Gedanken, etwas vollkommen Neues zu beginnen.

Der innere Konflikt Ihres Kandidaten

Saß da nicht auch auf Ihrer rechten Schulter der kleine Einflüsterer, der zu Ihnen sagte: „Da kannst du dir ein schönes Geld verdienen, ohne dich ständig von einem Chef blöd anreden zu lassen." Oder: „Da kann ich einmal aus meinem nervigen Alltagstrott ausbrechen und was Neues kennenlernen." Oder: „Wenn ich mich da richtig reinhänge, kann ich einmal allen meinen Bekannten beweisen, was ich draufhabe." Oder was auch immer.
Doch auf der linken Schulter saß der andere Einflüsterer, und der sah die Sache haargenau andersherum: „Wenn das so einfach wäre, dann würden es doch alle machen." Oder: „Du hast doch neulich diesen Artikel gelesen, der von Schneeballsystemen handelte. Da ist doch auch was dringestanden über Strukturen von dieser Art." Oder: „Du arbeitest sowieso 45 Stunden die Woche, willst du dir da deine Freizeit auch noch versauen?" Und so weiter, und so fort.

Sie können sich mit hoher Wahrscheinlichkeit darauf verlassen, dass es den meisten Ihrer Kandidaten genauso geht. Einen inneren Disput in dieser Art tragen in solchen Entscheidungssituationen viele mit sich aus.

SUPER SPONSOR SYSTEM
Baustein 7: Emotionale Anpassung an den Gesprächspartner

Und wie reagieren die Menschen auf diesen inneren Konflikt? Einige entscheiden sich dagegen. So wie Sie es möglicherweise damals auch gemacht hätten, ... wenn Ihr Sponsor nicht entsprechend hartnäckig gewesen wäre!

Okay, es gibt auch Menschen, die sich sofort und klar für eine Zusammenarbeit entscheiden und dann auch überzeugt starten. Doch das ist leider nicht die Masse, denn der größere Teil – das sind einfach die „nackten Tatsachen" – ist eher geneigt, nach einem Gespräch noch einmal überlegen zu wollen oder Ähnliches.

Ihr Gegenüber wird es vermeiden wollen, sofort Ja zu sagen!

Die am häufigsten zu beobachtende Reaktion eines Interessenten nach persönlichen Sponsorgesprächen ist also die, dass er versucht, die Entscheidung aufzuschieben, „erst einmal drüber zu schlafen" und sich „bei Interesse zu melden".

Für Sie als Networker ist an dieser Stelle eines wichtig zu wissen: Die Motivation wird beim „Drüberschlafen" kleiner! Der Demotivator wächst im Schlaf um ein Vielfaches, während der Motivator sich in der gleichen Zeit in einen Winzling verwandelt.

Durch „Drüberschlafen" sinkt die Motivation!

Es mag sein, dass sich in Einzelfällen tatsächlich der eine oder andere „Überleger" am nächsten Tag gemeldet und gesagt hat: „Ich bin dabei."

Aber wenn man vom statistischen Durchschnitt ausgeht, ist das ein seltener Ausnahmefall.

Sie sollten also clevererweise das Eisen schmieden, solange es noch heiß ist, und die Begeisterung aus Ihrem Gespräch nutzen, um den Sack zuzumachen!

SUPER SPONSOR SYSTEM

Phase 3: Verbindung

Die Lösung des Dilemmas: Sofort eine Entscheidung herbeiführen

Das bedeutet: Ihre Aufgabe ist es, eine Entscheidung herbeizuführen – im Idealfall „just in time"!
Sicherlich muss man dabei auch in Kauf nehmen, dass es die eine oder andere Absage geben wird.
Aber überlegen Sie einmal: Ein Nein ist allemal besser, als ewig im „Wartesaal der Hoffnung" zu sitzen und auf Rückrufe zu warten, die sowieso nie kommen werden.

An dieser Stelle wollen wir eine grundsätzliche Frage aufwerfen. Nämlich inwieweit es für Ihr Geschäft und Ihre zukünftige Arbeit überhaupt gut ist, wirklich jeden gewinnen zu wollen oder jeden zu nehmen, der bei Ihnen einsteigen möchte.

Auch ein Networker ist ein Unternehmer und sollte nicht jeden einstellen, der zur Mitarbeit bereit wäre

Sie haben richtig gelesen: Selbst wenn jemand bei Ihnen mitmachen möchte, dann sollten Sie sorgsam prüfen, ob er/sie Ihre Kriterien auch erfüllt.
Denken sie doch einfach mal wie ein „normaler" Unternehmer. Wenn Sie einen Mitarbeiter einstellen würden und ihm ein monatliches Gehalt bezahlen müssten, würden Sie dann auch jeden nehmen, der zusagt? Wohl kaum!

Ein Extrembeispiel zur Verdeutlichung: Wenn Sie einen Arbeitslosen sponsern, der zwar zusagt, aber wenig Interesse zeigt, sich am eigenen Schopf aus dem Sumpf zu ziehen, wird Ihnen das wenig nutzen. Im schlimmsten Fall müssen Sie ihm wahrscheinlich das Starterkit bezahlen, weil er kein Geld hat, und er wird wieder nur Leute ins Geschäft bringen, die auch arbeitslos sind und das

SUPER SPONSOR SYSTEM

Baustein 7: Emotionale Anpassung an den Gesprächspartner

Starterkit nicht bezahlen können – denn anderes wird sein Kontaktnetzwerk nicht hergeben.

Denken Sie bitte immer daran: Es ist die Ausnahme, dass jemand „nach oben" rekrutiert und neue Partner ins Geschäft mitbringt, die einen höheren Status haben oder in einer besseren Position sind als er selbst. Eher wird „nach unten" rekrutiert: Alpha sponsert Beta, Beta erreicht Gamma, Gamma schafft Delta und Delta überzeugt Epsilon. Stellen Sie sich vor, Sie haben nur Zusagen von Delta-Kandidaten, dann haben Sie recht schnell eine Downline von Epsilon-Geschäftspartnern! Glauben Sie uns. Das wollen Sie nicht!

Wenn Ihre nächste Ebene schlecht ist, ist die übernächste meist noch schlechter!

Also nicht um jeden Preis jeden sponsern! Sie können es sich leisten, auch einmal Nein zu sagen!

Denken Sie auch an Folgendes: Je öfter Sie in Ihrem Leben das Wörtchen Nein verwenden, einen desto höheren Stellenwert wird Ihr Ja haben!

Daher rentiert es sich, wenn Sie es lernen, auch einmal Nein zu sagen.

Sie können es sich leisten, auch einmal Nein zu sagen!

Aus unseren Tests und der Analyse Hunderter Sponsorgespräche können wir sagen: Sobald Sie im Gespräch auch mal jemanden infrage stellen, anzweifeln oder auch ablehnen, desto mehr wächst auf dessen Seite das Bedürfnis, sich zu beweisen, zu bewähren oder Sie von seinen Qualitäten zu überzeugen.

Dieses Phänomen hängt mit psychologischen Gesetzmäßigkeiten zusammen. Die Angst vor Verlust ist immer größer als die Motivation auf einen möglichen Gewinn!

Phase 3: Verbindung

Die Angst vor Verlust ist immer größer als die Motivation auf einen möglichen Gewinn!

Wenn Sie Ihr Geschäftsmodell präsentieren, ist es für den Interessenten zunächst einmal ein „möglicher Gewinn". Genau das können Sie in dem Moment ändern, in dem Ihr Gegenüber den Eindruck bekommt, Sie würden ihm das, was Sie ihm versprochen haben, im letzten Augenblick wieder wegnehmen.

Dann ist aus dem möglichen Gewinn plötzlich etwas geworden, vor dessen Verlust er Angst hat!

Lieber Kandidat, ich mag dich, bin aber nicht auf dich angewiesen. Ich möchte zwar gerne mit dir zusammenarbeiten, aber ich muss nicht um jeden Preis. Wenn ich dich als Geschäftspartner einschreibe, ist das allein meine Entscheidung: Das ist die Einstellung, die Sie zum Sieger machen wird (siehe dazu auch Seite 115).

Mögliche Einwände des Kandidaten von sich aus in das Gespräch einbauen

Ein weiterer zentraler Bestandteil unseres Sponsorgespräches ist es, wichtige Argumente und Einwände, die mit großer Wahrscheinlichkeit vonseiten der Interessenten kommen, Ihrerseits vorab schon in das Gespräch mit einzubauen.

Der Hintergrund dieser Strategie ist der: Wenn Sie im Gespräch in die Lage kommen, Einwände behandeln und argumentieren zu müssen, werden Sie dadurch möglicherweise an Status zu verlieren.

Wer argumentiert, verliert an Status

In diesem Zusammenhang spielt auch folgender Aspekt eine Rolle: Ein Thema, das Sie selbst ins Spiel gebracht haben, kann nicht mehr von der Gegenseite gegen Sie verwendet werden.

SUPER SPONSOR SYSTEM — Baustein 7: Emotionale Anpassung an den Gesprächspartner

Außerdem zeigen Sie Stärke, wenn Sie Dinge ansprechen, die normalerweise tabu sind. Auch damit unterstreichen Sie Ihren „Bieterstatus" – also den Status dessen, der aus einer gesicherten Position heraus seine Angebote macht. (Ein Besipiel zur Verdeutlichung: Wenn Sie etwa sagen, dass Sie keine Unterhosen drunter haben, dann kann auch niemand hinterher sagen: „Eh, der hat ja keine Unterhosen drunter"!)

Und damit Sie gleich den Überblick haben, in welchen Schritten die entscheidende Phase des Sponsorgesprächs abläuft, hier Ihr „Fahrplan" bis zum Ziel, dem Moment, in dem Sie den neuen Partner einschreiben:

1 Was treibt dich im Leben?
2 Identifikation des Berufs
3 Wie erklärt man Network-Marketing/Strukturvertrieb?
4 Verknüpfung der Werte und Ziele des Bewerbers mit Ihrem System
5 Das Produkt/der Markt
6 Das Einkommen
7 Den Interessenten „zappeln lassen": Bekomme ich den Job?
8 Sich das Ja des Interessenten abholen
9 Entscheidungssicherung

Auch im Sponsorgespräch gilt: Vorbeugen ist besser als Heilen!

Ihr „Fahrplan" bis zum Ziel!

Phase 3: Verbindung

b) Was treibt dich im Leben?

Zurück zur aktuellen Gesprächssituation im Sponsor-/Rekrutierungsgespräch.
Die menschliche Verbindung zu Ihrem Interessenten sollten Sie erfolgreich hergestellt haben, wenn Sie die bisherigen Bausteine umgesetzt haben.

Jetzt geht es darum, Ihr eigentliches Ziel zu erreichen – die geschäftliche Verbindung mit dem Kandidaten.
Der erste Baustein hierfür ist, dass Sie Ihren Gesprächspartner jetzt emotional in den richtigen Zustand bringen, dass er bereit ist, Ja zu sagen.

Dafür sind zwei Komponenten wichtig:
1. die Frage: Was treibt dich eigentlich im Leben?
2. die Identifikation mit seinem Beruf.

Was treibt dich eigentlich im Leben?
Genau diese Frage hat sich zur Fortführung des Gespräches in dieser Phase bewährt.

Alternativ könnten Sie auch so fragen:
Hast du deinen Lebenstraum eigentlich schon verwirklicht?

Die Frage nach dem Lebenstraum ist ein „emotionaler Türöffner"!

Der Erfahrungswert ist: Höchstens einer von zehn wird mit Ja antworten. 90 Prozent der Menschen, die Sie fragen, werden verneinen oder davon berichten, dass Sie gerade noch dabei sind …! Wichtig ist an dieser Stelle

Baustein 7: Emotionale Anpassung an den Gesprächspartner

auch zu wissen, dass es 90 Prozent aller Menschen nie schaffen werden, ihre Lebensträume tatsächlich zu verwirklichen. Die meisten sind Träumer, Wünscher und Hoffer. Aber das nur am Rande.

Ihre Aufgabe: die Verbindung zu Ihrem Kandidaten herstellen – jetzt auch auf der geschäftlichen Ebene

Das Entscheidende ist, was diese Frage bei den Menschen emotional bewirkt: Sie beginnen über ihre Gefühle und Wünsche zu sprechen.

Phase 3: Verbindung

c) Identifikation mit dem Beruf

In der Überleitung zur Geschäftspräsentation sollten Sie Ihrem Kandidaten etwas Wichtiges erklären. Es handelt sich dabei um eine unserer Einwand-Vorweg-Behandlungen. Gerade bei Interessenten, die Sie per Direktkontakt angesprochen haben oder die Ihnen von anderen empfohlen worden sind, sitzt im Hinterkopf oft eine bohrende Frage fest. Diese Frage wird meistens gar nicht offen gestellt, aber sie ist mit großer Wahrscheinlichkeit da.

Gerade deswegen ist die Gefahr, die von dieser unausgesprochenen Frage ausgeht, umso größer.

Sie müssen sich selber mal klarmachen: Der Interessent sitzt im Sponsorgespräch und hat eigentlich keine Ahnung, wie er zu dieser Ehre kommt. Er hat sich ja nicht selbst nach dieser Möglichkeit erkundigt, geschweige denn für irgendeinen Job beworben.

Vielmehr ist er von einem wildfremden Menschen in der Öffentlichkeit angesprochen oder von einem Bekannten weiterempfohlen worden – oder auf einem anderen merkwürdigen oder unüblichen Weg in diese Situation gekommen.

Fast jeder Kandidat fragt sich: Warum will der ausgerechnet *mich* haben?

So fragt er sich dauernd:
„Warum will der/die ausgerechnet *mich* haben, warum soll ich da mitmachen? Wo wir uns doch bis vor Kurzem überhaupt noch nicht gekannt haben!"

Baustein 7: Emotionale Anpassung an den Gesprächspartner

Und er ist möglicherweise skeptisch. Vielleicht sogar höchst skeptisch.

Dem müssen Sie vorbeugend begegnen und sollten einen plausiblen Grund nennen, warum gerade er als Geschäftspartner interessant ist.
Für die Einleitung Ihrer Argumentation hat sich die Formulierung bewährt:

Du fragst dich sicherlich, warum du heute hier sitzt. Das kann ich dir erklären.

„Du fragst dich sicherlich, warum du heute hier sitzt. Das kann ich dir erklären"

Schon diese Ankündigung löst bei Ihrem Gegenüber eine gewisse Erleichterung/Befriedigung aus!

Und jetzt kommt es darauf an, dass Sie eine schlüssige Erklärung liefern, warum gerade die Berufsgruppe, der er angehört, für Network-Marketing interessant ist. Jetzt erfolgt die Identifikation mit seinem Beruf. Sie bauen idealerweise eine logische Brücke, die ihn erkennen lässt, warum gerade er der Top-Kandidat für eine geschäftliche Zusammenarbeit ist.

„Leute aus deinem Beruf sind die idealen Kandidaten für uns"

Hier ein paar Beispiele, wie Sie das hinkriegen können:

Banker:

- *Bei uns in der Firma haben wir die Erfahrung gemacht, dass gerade Banker die richtige Zielgruppe sind. Sie beherrschen eine gewisse Art des Um-*

Mögliche Texte
für verschiedene
Berufsgruppen

Phase 3: Verbindung

gangs mit Menschen, sind es aber auch gewohnt, mit Zahlen, Daten und Fakten zu arbeiten. Genau diese Kombination ist es, die bei uns in der Firma gefragt ist und die die Leute erfolgreich macht. Und genau das ist der Grund, warum du heute hier sitzt.

Außendienstler:

- *Außendienstler und Handelsvertreter sind die Zielgruppe unserer Wahl. Gerade wer aus diesem Bereich kommt, hat perfekt den Umgang mit Menschen und Kunden gelernt. Unser Job besteht aus Menschen- und Mundarbeit. Das heißt, Menschen zu entwickeln, auf ihre Wünsche, Probleme und Bedürfnisse einzugehen, ist das, auf was es bei uns ankommt. Und genau diese Fähigkeiten bringen Menschen aus deiner Berufsgruppe mit.*

Hausfrau:

- *Mit Hausfrauen arbeiten wir bevorzugt zusammen, da Hausfrauen ja eigentlich die Menschen mit den besten organisatorischen Fähigkeiten sind. Gerade als Hausfrau und „Familienmanagerin" muss man so viele Dinge gleichzeitig organisieren und auf die Reihe bekommen, dass man es mit Sicherheit mit einem großen Firmenboss aufnehmen könnte, was Organisation und Zeitmanagement betrifft. Das ist genau der Grund, warum wir mit Hausfrauen die besten Erfolge haben.*

Hotelkaufmann:

- *Du arbeitest im Hotel. Wir haben festgestellt, dass Leute, die dort arbeiten, die idealen Fähigkeiten für unseren Job mitbringen. Ihr müsst nämlich den Umgang mit den Kunden perfekt beherrschen und auch in schwierigen Situationen immer ruhig und gelassen bleiben. Das ist genau das, was man braucht, um bei uns ganz an die Spitze zu kommen.*

Rentner:

- *Wir haben die Erfahrung gemacht, dass genau Rentner die Fähigkeiten mitbringen, um in unserer Firma was bewegen zu können. Bei uns geht es um die Entwicklung von jungen Talenten. Gerade Rentner sind ja meist nicht mehr so auf das Geld angewiesen, und es geht mehr darum, seine Lebenserfahrung an junge Menschen weiterzugeben. Das ist genau die Kompetenz, die wir zur Entwicklung unseres Teams brauchen.*

Schreiner:

- *Wir arbeiten gerne mit Leuten aus der Handwerksbranche zusammen. Gerade Schreiner sind Menschen, die mit Präzision und mit Detailverliebtheit an die Sache rangehen. Zudem sind sie sehr sorgfältig und haben auch ein Auge für Ästhetik. Und das ist es, worauf es im Umgang mit Menschen in*

Phase 3: Verbindung

der Führung ankommt. Präzision, Gefühl fürs Detail und die gewisse Sorgfalt bei der Arbeit.

Sekretärin:

- *Wir haben die Erfahrung gemacht, dass gerade Sekretärinnen bei uns besonders erfolgreich arbeiten. Denn im Grund bist du ja – stimmt's nicht? – der wahre Chef: Du musst alles organisieren, mit den Kunden kommunizieren, du hast die Zahlen, Daten und Finanzen im Griff. Sekretärinnen sind also die perfekten Führungskräfte, und deswegen sind sie für uns besonders interessant.*

Polizist:

- *Polizisten haben eine wahnsinnig gute Menschenkenntnis, haben das gewisse Feeling, um mit Menschen gut umgehen zu können. Aber sie haben auch die Bestimmtheit und können durchgreifen und die Führung übernehmen, wenn es drauf ankommt. Dann sagen sie jedem, wo's langgeht.*

Student:

- *Wir arbeiten bevorzugt und gerne mit Studenten zusammen. Wir haben die Erfahrung gemacht, dass angehende Akademiker ihr gerade erworbenes Theoriewissen aus dem Studium in der Praxis einbringen und perfektionieren können. Das wiederum*

Baustein 7: Emotionale Anpassung an den Gesprächspartner

ist sehr vorteilhaft für die spätere Bewerbung im Job. Außerdem sind Studenten Leute, die durch ihr enormes Wissen und ihre Kreativität immer wieder maßgeblich an der Weiterentwicklung unserer Schulungs- und Ausbildungskonzepte mitwirken!

Wenn Sie das Ganze jetzt noch nach Studiengängen differenzieren wollen, hier noch ein paar Inspirationen, wo die jeweilige Schnittmenge zum MLM liegt:

- Bei BWLern ist deren strukturierter Umgang mit Zahlen und Fakten von Vorteil, außerdem lernen sie schon im Studium, wie Marketing und Wirtschaftskreisläufe funktionieren. Das ist die ideale Ausgangsbasis, um im MLM erfolgreich zu sein.

- Jurastudenten lernen Kommunikation und Verhandlungsstrategie schon im Studium. Rhetorische Kenntnisse und die Fähigkeit, mit dem gesprochenen Wort umzugehen, sind erfolgsentscheidend im Geschäftsleben und speziell die Basis für die erfolgreiche Tätigkeit im MLM.

- Lehramtsanwärter sind perfekt geeignet, da sie sich schon im Studium mit der Persönlichkeitsentwicklung und dem Coaching von Menschen beschäftigen. Außerdem geht es auch hier genau wie im Network konkret darum, Menschen etwas beizubringen. Deswegen sind Lehramtsstudenten ideal geeignet für den Job als Führungskräfte.

Spezialfall Studenten: Was befähigt Angehörige einzelner Studiengänge für MLM?

Phase 3: Verbindung

Ärztin:

- *Wir haben die Erfahrung gemacht, dass Ärzte bei uns besonders erfolgreich sind. Warum? Ärzte sind Menschen mit viel Tiefgang. Sie haben lange lernen müssen und sind es gewöhnt, dass man sich mit jeder Materie wirklich intensiv befasst. Außerdem können sie gut mit Menschen umgehen: Sie haben Einfühlungsvermögen, wissen aber genauso, wo man aus dem Gespräch „rausgehen" muss, und können auch bestimmt handeln. Das sind exakt die Fähigkeiten, die man bei uns braucht.*

Die Identifikation mit dem jeweiligen Beruf herzustellen, sollte recht einfach sein, denn über die Vorabrecherche lässt sich in der Regel der Job oder das Tätigkeitsfeld des Gesprächspartners recht leicht in Erfahrung bringen.

Um möglichst schnell die Fähigkeit zu entwickeln, sich mit den unterschiedlichsten Berufen zu identifizieren, macht es absolut Sinn, das Ganze vorab schriftlich festzuhalten.
Das heißt, Sie setzen sich vor jedem Gespräch kurz hin und schreiben konkret auf, wo es einen plausiblen Zusammenhang zwischen Network und dem jeweiligen Beruf gibt.
Legen Sie einfach das Aufgabenprofil, die Fähigkeiten, Fertigkeiten, Qualifikationen und Kompetenzen aus dem Hauptberuf des Interessenten auf die Tätigkeit des Networkers um.

Baustein 7: Emotionale Anpassung an den Gesprächspartner

Mögliche Ansatzpunkte sind, dass der Kandidat in seiner bisherigen Tätigkeit Folgendes beherrscht, was auch im Network zur „Kernkompetenz" gehört:

- kann gut mit Menschen umgehen
- hat Freude daran, anderen Menschen etwas beizubringen
- kann Bestimmtheit und Führungskompetenz einbringen
- kann Initiative, Kreativität und Eigenantrieb entwickeln
- hat gutes Kommunikationsvermögen
- besitzt Verkaufstalent und gute Menschenkenntnis
- hat eine hohe soziale Kompetenz
- ist ein guter Teamplayer und kann sich in bestehende Strukturen einfügen
- kann sich gut in eine neue Materie einarbeiten
- zeigt emotionale Stabilität, Empathie und Einfühlungsvermögen
- kann gut mit Zahlen, Daten und Fakten umgehen
- ist besonders ausdauernd und beständig
- hat besondere Kenntnisse oder Spezialwissen im jeweiligen Themengebiet
- hat gute betriebswirtschaftliche Kenntnisse
- besitzt Marketing-Know-how.

Allgemeine Ansatzpunkte, um Zusammenhänge zwischen der aktuellen Tätigkeit des Kandidaten und MLM herzustellen

Egal was es auch ist: Suchen Sie die jeweilige Stärke oder das, was im Wesentlichen seine jetzige Tätigkeit ausmacht, und schneiden Sie es so gut wie möglich auf das Aufgabenprofil im Network-Marketing zu. Mit ein wenig Übung werden Sie auch hier merken, dass

Phase 3: Verbindung

das relativ einfach ist. Mehr noch, Sie werden feststellen, dass mehr oder weniger alle nur denkbaren Berufe dem Aufgabenprofil des Networkers verdammt nahe kommen.

Eigentlich arbeitet ja jeder schon als Networker. Der einzige Unterschied ist, dass er/sie das bis zu Ihrem Gespräch in einer anderen Firma und an einem anderen Arbeitsplatz getan hat☺!

Auch wenn die Erklärungen manchmal etwas konstruiert klingen oder etwas weit hergeholt, so geht es dabei in erster Linie nicht darum, dass alles, was Sie sagen, tausendprozentig auf Ihren Kandidaten zutrifft. Es geht vielmehr um das unterschwellige Kompliment, welches Sie mit Ihrer Verknüpfung kommunizieren. Jeder, dem Sie sagen, warum genau er, mit seinen Qualitäten, Fähigkeiten, Fertigkeiten, Qualifikationen oder seinem Beruf der Richtige ist, wird sich dadurch geschmeichelt und „individuell abgeholt" fühlen. Das ist genau der Punkt, um den es geht.

Jetzt entsteht nämlich Identifikation aufseiten Ihres Gesprächspartners, und das ist ganz genau das, was Sie im Gespräch brauchen.

Und wieder sitzt der „Maßanzug" ein Stück besser!

Baustein 7: Emotionale Anpassung an den Gesprächspartner

DAS WICHTIGSTE IN KÜRZE

1 Wenn die „heiße Phase" Ihres Gesprächs beginnt und Sie auf einen Abschluss hinarbeiten, sind Ihre wichtigsten Aufgaben:
   - den Kandidaten emotional in die richtige Stimmung zu bringen und dann
   - eine Entscheidung herbeizuführen.

2 Denken Sie dabei an folgenden Grundsatz: Agieren Sie als Bieter und nicht als Bittsteller.
Lassen Sie daher mögliche Einwände so weit als möglich schon vorab in Ihr eigenes Gespräch einfließen und verhindern Sie damit, sich rechtfertigen oder erklären zu müssen (Einwand-Vorweg-Behandlung).

3 Ein wichtiger Part vor der eigentlichen Geschäftspräsentation ist es, dem Kandidaten zu erklären, warum ausgerechnet er zum Sponsor-/Rekrutierungsgespräch eingeladen wurde.
Tun Sie das am besten dadurch, dass Sie ihm darlegen, welche Eigenschaften, die er aufgrund seiner aktuellen Tätigkeit/Beruf besitzt, für das Network besonders wertvoll sind (Identifikation).

Phase 3: Verbindung

DIE SEITE FÜR SIE:
IDENTIFIKATION MIT WEITEREN BERUFEN

Arbeiten Sie einfach einmal auf Vorrat!

Hier haben wir noch ein paar Berufe und ein paar Masken, in die Sie eintragen können, warum gerade diese Berufsbilder ideal für Network-Marketing geeignet sind:

- **Lehrer:**

  _____

  _____

  _____

- **Steuerberater:**

  _____

  _____

  _____

Baustein 7: Emotionale Anpassung an den Gesprächspartner

- **Taxifahrer:**

  _____

  _____

  _____

- **Journalist:**

  _____

  _____

  _____

- **Bäcker:**

  _____

  _____

  _____

Phase 3: Verbindung

- **Eisenbahner:**

　
　
　

- **Callcenter-Mitarbeiterin:**

　
　
　

- **Angestellte(r) im Einzelhandel:**

Baustein 7: Emotionale Anpassung an den Gesprächspartner

- **Polizist:**

  _____

  _____

  _____

- **Zeitsoldat**

  _____

  _____

  _____

- **Schauspieler:**

  _____

  _____

  _____

SUPER SPONSOR SYSTEM

Phase 3: Verbindung

- **Arzthelferin:**

  _____

  _____

  _____

- **Krankenschwester:**

  _____

  _____

  _____

- **Fitnesstrainer:**

  _____

  _____

  _____

Baustein 7: Emotionale Anpassung an den Gesprächspartner

- **Autoverkäufer:**

  _____

  _____

  _____

- **Heilpraktiker:**

  _____

  _____

  _____

- **Hotelfachfrau:**

  _____

  _____

  _____

Phase 3: Verbindung

- **Gastronomiebedienung:**

  _____

  _____

  _____

- **Betriebswirt:**

  _____

  _____

  _____

- **Ingenieur:**

  _____

  _____

  _____

Baustein 7: Emotionale Anpassung an den Gesprächspartner

- **Kfz-Mechatroniker:**

  _____

  _____

  _____

Weitere Berufe:

- _____:

  _____

  _____

  _____

Phase 3: Verbindung

- _____ :

  _____

  _____

  _____

- _____ :

  _____

  _____

  _____

PHASE 3: VERBINDUNG

Baustein 8: Geschäftspräsentation

SUPER SPONSOR SYSTEM

Phase 3: Verbindung

Das Herzstück des Sponsorgesprächs: die Geschäftspräsentation

SUPER SPONSOR SYSTEM

Baustein 8: Geschäftspräsentation

a) „Die letzten großen Abenteuer"

Jetzt sind wir beim Herzstück des Sponsorgesprächs angekommen: Ihrer Geschäftspräsentation.

Eine grundsätzliche Frage, die in diesem Zusammenhang immer wieder im Raum steht, ist: Sage ich meinem Kandidaten klar und konkret, dass es sich um Network-Marketing/Strukturvertrieb handelt, oder versuche ich mit blumigen Worten, schönen Umschreibungen und mit allerlei rhetorischen Finessen zu verschleiern, worum es genau geht?

Die Erfahrung von 2beknown ist:
Die Entscheidung bezüglich dieses Sachverhaltes steht und fällt mit der eigenen Stärke und Identifikation. Networker mit wenig Kontaktpotenzial und mit geringer Identifikation zur eigenen Tätigkeit neigen zur Verschleierung und „schwammigen" Aussagen. Überzeugte Networker mit vielen Kontakten, alternativen Kontaktbeschaffungstools und einer entsprechenden Identifikation mit ihrer Sache legen die Karten offen auf den Tisch.

Wir empfehlen an dieser Stelle, wie könnte es anders sein, von Beginn an Klartext zu reden. Bedenken Sie immer: Sie haben etwas zu bieten, Sie brauchen sich nicht zu verstecken, und dementsprechend sollten Sie auch auftreten.

Sprechen Sie offen an, dass Ihr Geschäftsmodell Network-Marketing ist!

Aber wie bekommt man das optimal hin?

SUPER SPONSOR SYSTEM

Phase 3: Verbindung

Um dem Kandidaten zu erklären, wie das System funktioniert, empfehlen wir das Motto:

„Network-Marketing und Strukturvertrieb sind die letzten großen Abenteuer unserer heutigen Zeit!"

Network-Marketing und Strukturvertrieb sind die letzten großen Abenteuer unserer heutigen Zeit!

Wer sich ein wenig umhört und oft an der „Basis" mit Menschen im Gespräch ist, der wird Folgendes bestätigen können: Der weitaus größere Teil der Menschen heutzutage ist mit seinem Durchschnittsleben und seinem 08/15-Alltag massiv unzufrieden. Es gibt kaum jemanden, der nicht über irgendetwas jammert: über den Job, die Familie, die Wohnsituation, die Gesundheit, die Finanzen, die Nachbarn, und, und, und …
Der am weitesten verbreitete Wunsch und ein oft unterdrücktes Begehren vieler Menschen ist es offensichtlich: endlich einmal aus dem Alltag auszubrechen!

Network-Marketing kann den Herzenswunsch vieler Zeitgenossen erfüllen: endlich mal aus dem Alltag ausbrechen

Daher: Spielen Sie doch einfach die Trumpfkarte aus, dass man in Vertrieb und Network-Marketing Dinge erlebt, die einem im normalen Arbeitsalltag entgehen. Locken Sie mit dem Lifestyle und der „Aura" der Branche! Denken Sie dabei an die schillernden Top-Leader, motivierende Geschäftspräsentationen, Persönlichkeitsentwicklung für jedermann, Incentives und Wettbewerbsreisen, die „normale Menschen" nur aus dem Fernsehen kennen, und nicht zuletzt die sagenhaften Verdienstmöglichkeiten. Geben Sie einen Ausblick darauf, dass im Network Dinge möglich sind, von denen die meisten in konventionellen Jobs nur träumen können.

Baustein 8: Geschäftspräsentation

Das wiederum ist gar nicht in erster Linie eine Frage der Rhetorik oder der einzelnen Argumente. Die beste Argumentation in diesem Sinne ist, dass Sie überzeugend das leben, was Network-Marketing für Sie persönlich bedeutet!

Entscheiden Sie selbst, Sie haben alle Möglichkeiten der Welt. Sie können zum Beispiel:

- nur regional ein Geschäft aufbauen oder aber in die große weite Welt hinaus expandieren

- ein zielgruppenspezifisches Geschäft/Team aufbauen oder ein Business für jedermann betreiben

- persönliche Gespräche bei sich zu Hause führen oder aber zu Ihren Interessenten fahren

- ausschließlich Kunden/Endverbraucher gewinnen oder forciert einen Vertrieb/eine Downline aufbauen

- Ihre Partner per Du führen oder per Sie

- ein Team aufbauen, das ausschließlich aus Frauen besteht, oder aber aus Männern

- Ihre Interessenten ausschließlich online generieren oder aber Auge in Auge im „richtigen Leben" kennenlernen

Network-Marketing: das System der (fast) unbegrenzten Möglichkeiten

Phase 3: Verbindung

- Ihr Team hart und autoritär, problemlos aber auch sanft und kooperativ führen.

Egal, was Sie auch tun: Es ist Ihre Entscheidung, wie Sie es tun. Zeigen Sie den Menschen, dass Sie das, was Sie ihnen erklären, auch entsprechend leben.

b) Vorabschluss

Falls Sie in einem System arbeiten, bei dem das Ziel zunächst „nur" ist, Ihren Kandidaten auf ein Starterseminar oder eine Infoveranstaltung anzumelden, sollten Sie bereits vor Ihrer Geschäftspräsentation klären, ob sich der Kandidat Zeit für dieses Event nehmen kann. Durch diese Maßnahme stellen Sie sicher, dass am Ende Ihrer Präsentation das Argument „Ich muss mal nachschauen, ob ich an diesem Termin Zeit habe" nicht mehr kommen kann. Es wäre doch eine dumme Sache, wenn Ihr Kandidat Interesse an einer Zusammenarbeit hätte, aber dann erst noch abklären muss, ob er zum Zeitpunkt der Infoveranstaltung Zeit hat.
Besser ist es also, sich vorher schon um die Terminfrage zu kümmern, um den Kandidaten am Ende der Präsentation auch verbindlich „just in time" anmelden zu können.

Das macht man am besten mit einem verkäuferischen Vorabschluss. Klassisch funktioniert der ungefähr so:

Mensch, kurze Frage. Bevor ich dir die ganze Sache detailliert erkläre, würde ich gern wissen, ob du dir am 27. und 28. Juli Zeit nehmen kannst? Falls dich der Job interessiert, wäre an diesem Datum eine wichtige geschäftliche Veranstaltung!

Der „klassische" Vorabschluss

Die noch elegantere Lösung ist folgende: Stellen Sie die Frage, ob er Zeit hat, ganz nebenbei, ohne eine große Sache daraus zu machen!

SUPER SPONSOR SYSTEM

Phase 3: Verbindung

Unsere Empfehlung: Machen Sie keine große Sache aus dem Vorabschluss!

Wie eine solche „Keine-große-Sache"-Kommunikation aussehen kann, erklären wir gern an folgendem Beispiel: Stellen Sie sich folgende Situation vor: Sie wollen mit ein paar Freunden eine Woche nach Las Vegas zu einem Junggesellenabschied fliegen und müssen das Ihrer Partnerin beibringen.

Wenn Sie jetzt anfangen: „Du, Schatz ... ich muss mit dir reden ...", wird die Sache vermutlich etwas schwierig.

Vielleicht probieren Sie es besser so: „Schatz, übrigens, ich flieg mit ein paar Freunden mal schnell rüber nach Las Vegas. Bin in einer Woche wieder da! – Und, wie war's beim Shoppen ☺?"

Was lernen wir daraus? Gerade bei den ganz wichtigen Dingen ist es oft gut, wenn man kein großes Aufhebens darum macht!

Auf unsere Vorabschlusssituation übertragen, fragen Sie also ganz beiläufig:

Ach, übrigens, hast du zufällig am 27. und 28. Juli Zeit? – Gut! Also, jetzt erklär ich dir mal das System: ..."

Sollte jetzt die Gegenfrage kommen, warum, dann können Sie immer noch „by the way" dranhängen: *Da haben wir nämlich ein spannendes geschäftliches Event!*

Baustein 8: Geschäftspräsentation

c) Wie erklärt man Network-Marketing / Strukturvertrieb?

Unser Empfehlung ist: Sagen Sie gleich am Anfang klar:

Wir arbeiten im Network-Marketing-Bereich. Kennst du das?

Wenn die Antwort „Ja" ist, was übrigens nur bei einer ganz geringen Zahl der Kandidaten/innen vorkommt, fragen Sie einfach, was er/sie darüber weiß, um sich so ein Bild über seinen/ihren aktuellen Kenntnisstand zu verschaffen.
Fahren Sie mit einem Lob fort und sagen Sie zum Beispiel:

Toll, dass du schon Infos dazu hast, dann erklär ich dir noch ein paar Details!

Der größere Teil der Leute antwortet eher recht schwammig mit „Ja, hab schon mal von so was gehört …!" oder manchmal einfach mit „Nein".

Für beide Antworten (die schwammige und die Nein-Variante) hat sich der Einsatz eines kleinen Tricks bewährt, nämlich Ihrem Kandidaten zu suggerieren, dass er keine Ahnung vom System hat.
Der Grund: Damit beugen Sie der Situation vor, dass während Ihrer Erklärung Zwischenfragen auftreten, die Sie zum Argumentieren nötigen – beispielsweise zum Thema Schneeballsystem.

Devise: dem Gegenüber subtil die Botschaft vermitteln: „Du hast davon keine Ahnung"

Phase 3: Verbindung

Das könnte sich – je nachdem, wen Sie vor sich haben – in etwa so anhören:

Mögliche Textvarianten für den Einstieg in die Erklärung des Systems

- *Ach, du kommst ja nicht aus dem Marketing. Da ist es besser, ich erkläre dir das von Anfang an ...!*

- *Nein, du bist ja kein BWLer. Da ist es das Beste, ich mach mit dir einen kleinen Crashkurs, damit du weißt, was das überhaupt ist ...!*

- *Wahrscheinlich ist das neu für dich. Aber ich erklär's dir ganz genau ...!*

- *Aha, du kennst dich ja in der Wirtschaft noch nicht so gut aus. Dann lass mich dir das Thema mal näherbringen ...!*

Wichtig ist, dass diese Aussagen charmant rüberkommen und nicht arrogant! Es sollte auf keinen Fall einen Angriff darstellen, sondern nur eine Art „Feststellung", dass der andere nicht Bescheid weiß.

Jetzt kommt die eigentliche Systemerklärung. Hier ein konkreter Textvorschlag, der für alle drei oben genannten Fälle passt – ob nun der Kandidat gesagt hat, er wisse schon etwas von Network-Marketing, ob er es verneint oder eine Wischiwaschi-Antwort gegeben hat. Dem, der Network-Marketing schon kennt, geben Sie jetzt die Details, und den anderen beiden erklären Sie es mit dem vorgeschlagenen Wortlaut von der Pike auf.

SUPER SPONSOR SYSTEM

Baustein 8: Geschäftspräsentation

Bitte beachten Sie, dass dieser Text keinen Anspruch auf inhaltliche Richtigkeit hat. Wir haben uns den Wortlaut im Laufe der Jahre aus verschiedenen Informationsquellen und diversen Publikationen zusammengebaut und festgestellt, dass er in der folgenden Form sehr gut ankommt und, was noch viel wichtiger ist, in den Ohren der Gesprächspartner schlüssig und logisch klingt.

Network ist um 1940 in den USA entstanden. Und zwar ging das so:
Ein Vertreter für bestimmte Produkte oder Dienstleistungen hatte damals ein bestimmtes Gebiet zu bearbeiten, in dem meinetwegen drei größere Städte lagen. Er hat dort, sagen wir, Nahrungsergänzungsmittel verkauft.
Das war ein guter Job, er hat 500 Dollar Umsatz im Monat gemacht.

Textvorschlag für die Erklärung, was Network-Marketing ist und bezweckt

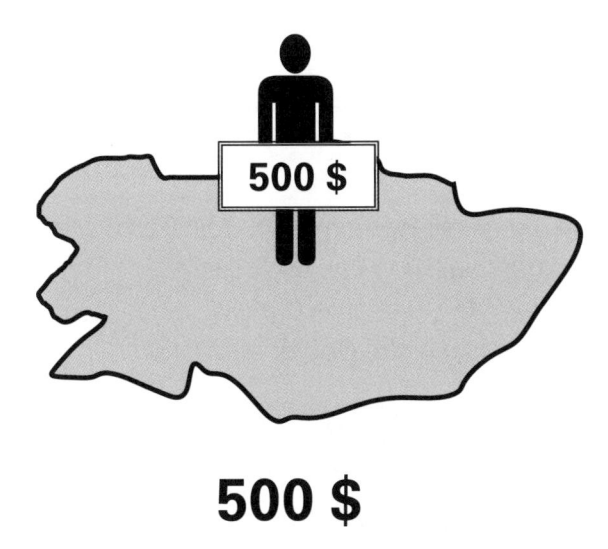

500 $

500 $

SUPER SPONSOR SYSTEM

Phase 3: Verbindung

Aber als seine Firma gesehen hat, wie gut das Ganze funktioniert, hat sie jetzt einen zweiten Vertreter in diesem Gebiet „laufen" lassen.

Jetzt entstand natürlich zwischen beiden ein Konkurrenzkampf.

Unser erster Mann hat ab diesem Zeitpunkt, sagen wir, 400 Dollar im Monat gemacht, der andere auch 400 Dollar.

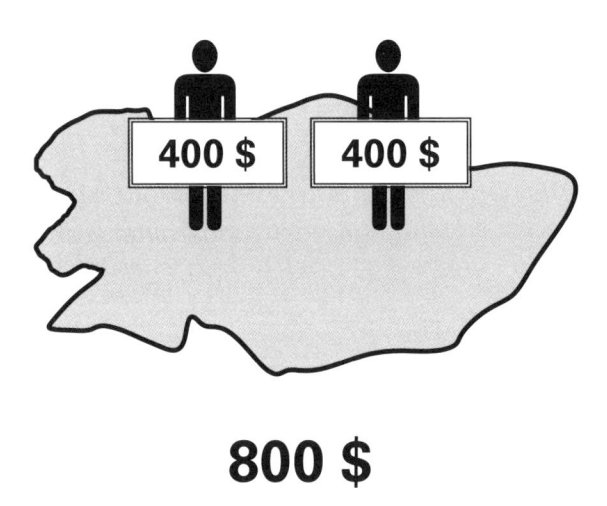

400 $ **400 $**

800 $

Aus Sicht der Firma war die Sache toll. Das war immerhin eine Umsatzsteigerung von 60 Prozent.

Keine Frage: Man entschied, gleich noch zwei weitere Vertreter für das gleiche Gebiet einzustellen.

Die Folge: Der Konkurrenzkampf wurde noch härter, und die Umsätze der einzelnen Vertreter waren wegen des enormen Wettbewerbs noch niedriger. Der Durchschnittsumsatz pro Vertreter sank also auf 300 Dollar.

Baustein 8: Geschäftspräsentation

Für die Firma war das immer noch ein ausgezeichnetes Geschäft, für den einzelnen Vertreter allerdings war es eine Qual.

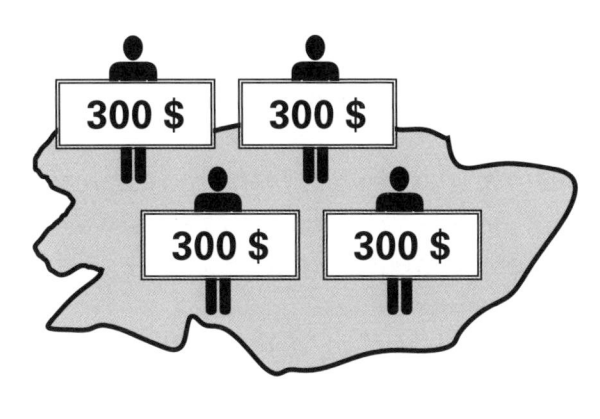

1200 $

Das Ende vom Lied: Es machte keinem von ihnen noch Spaß, die Arbeitsmoral der vier war im Keller.

Um dem entgegenzuwirken, sind damals einige sehr intelligente Menschen auf die Idee gekommen, ein neues Modell der Vermarktung, nämlich Network-Marketing, zu kreieren.
Der Ansatz war dabei folgender: Anstatt dass man einem Vertreter Konkurrenz verschaffte, wurden ihm die neuen Vertreter zur Betreuung unterstrukturiert.
Der erste Vertreter hatte jetzt die Aufgabe, den Neuen alles zu vermitteln, was für ihren Erfolg wichtig war: sie auszubilden, zu motivieren, sie über Kundenstruktur und Kundenmentalität im Zielgebiet aufzuklären usw. Dafür

„Es machte keinem von ihnen noch Spaß"

„Um dem entgegenzuwirken, sind damals einige sehr intelligente Menschen auf die Idee gekommen, Network-Marketing zu kreieren"

SUPER SPONSOR SYSTEM

Phase 3: Verbindung

wurde er mit einer Beteiligung am Umsatz der ihm unterstellten Vertreter belohnt.

Auf diese Weise entstand eine geniale Win-win-Situation: Der oberste Vertreter hat seinen Leuten nur das beste Wissen weitergeben, weil er davon selbst mitprofitierte, und die unterstellen Vertreter hatten quasi keine Konkurrenz.

Später hat man das dann in mehrere Hierarchieebenen strukturiert, sodass die Neuen ihrerseits wieder unterstellte Vertreter betreuen konnten, an deren Erfolgen sie beteiligt waren.

Auf diese Weise sind in dem gleichen Gebiet über 5000 Dollar Umsatz entstanden, und alle Beteiligten waren zufrieden und haben davon partizipiert. So weit zur Entstehung dieses genialen Systems.

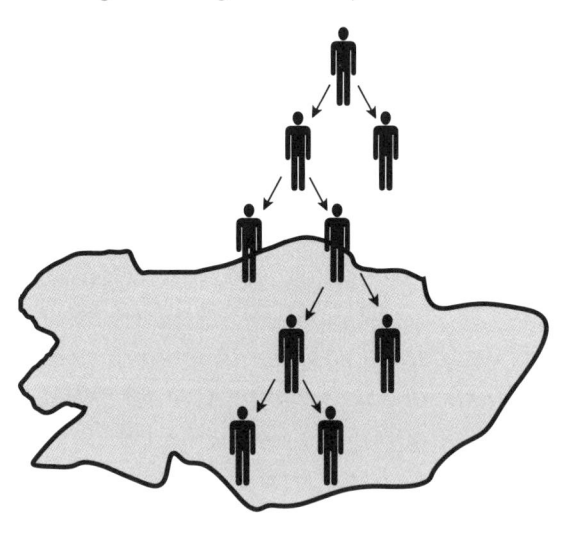

„Auf diese Weise entstand eine geniale Win-win-Situation"

„Alle Beteiligten waren zufrieden und haben davon partizipiert"

5000 $

Baustein 8: Geschäftspräsentation

Eine mögliche Form der Einwand-Vorweg-Behandlung an dieser Stelle, die starke Rekrutierer gern anwenden, ist die folgende (Neueinsteigern empfehlen wir diese offensive Argumentation nicht):

Da diese Wirtschaftsform heute mittlerweile recht stark verbreitet ist, gibt es auch immer wieder mal Menschen, die sie missbrauchen. Du hast sicher schon einmal was von Schneeballsystemen gehört. Das sind die illegalen Formen davon.

Letztlich ist es wie mit einem Skalpell: An sich ist es neutral, erst die Menschen, die es benutzen, machen es gut oder schlecht. In den Händen eines Verbrechers wird es zur Waffe und schadet Menschen, und in denen eines Arztes kann es Leben retten. Glücklicherweise gibt es da aber Behörden und Verbände, die das überwachen, und deswegen haben wir auch keine Probleme mehr mit etwas Derartigem.

An dieser Stelle sei nochmals auf zwei wesentliche Punkte in Ihrer Kommunikation hingewiesen.

1. Sie stellen heraus: Network-Marketing war und ist eine geniale Idee (… *sehr intelligente Menschen sind auf die Idee gekommen* …) und stellen das System somit äußerst positiv dar.

   Network-Marketing war und ist eine geniale Idee!

2. Wenn Sie schon ein erfahrender Rekrutierer sind, ist es sinnvoll, das Stichwort „Schneeballsystem" selbst

SUPER SPONSOR SYSTEM

Phase 3: Verbindung

Das Stichwort „Schneeballsystem" selbst ins Spiel bringen und im Sinne von „Keine große Sache" abtun

ins Spiel zu bringen (Einwandvorwegnahme, d. h. bevor es Ihr Interessent tut, machen Sie es am besten gleich selbst, vgl. Seite 196!).

In der Regel sollte es genügen, dass Sie das Thema, wie in unserem Textbeispiel dargestellt, kurz ansprechen, ohne dass Sie es genauer erklären. Sie treten das Thema aber nicht breit („Keine-große-Sache"-Kommunikation, Seite 226). Das bewirkt bei den meisten Kandidaten ein befriedigendes Gefühl.

Baustein 8: Geschäftspräsentation

d) Verknüpfung der Werte und Ziele des Bewerbers mit Ihrem System

Wenn Sie in Phase 1 und 2 aufmerksam waren und die richtigen Fragen gestellt haben, dann wird sich das an dieser Stelle für Sie auszahlen. Nun ist nämlich der Zeitpunkt gekommen, an dem Sie die Werte, Ziele, Motive, Ängste oder auch Sehnsüchte Ihres Gesprächspartners aufnehmen und elegant in Ihr Gespräch einfließen lassen.

Einfach gesagt, Sie geben ihm alles, was er sich wünscht, indem Sie die für ihn wichtigen Punkte mit den Vorteilen Ihres Systems verknüpfen.

Ein paar Beispiele:

1 Bei einem besonders freiheitsliebenden Interessenten könnten Sie, wenn Sie die Entstehung von Network-Marketing erklären, derartige Formulierungen einbauen:

Durch diese Überbesetzung mit Vertretern ist der Druck größer geworden – und der Einzelne musste nur noch rackern, anstatt dass er sich seine Zeit frei einteilen und tun und lassen konnte, was er wollte. Intelligente Köpfe haben gesehen, dass das ein großer Nachteil ist. Deswegen wurde Network-Marketing als Geschäftsmodell mit der größten unternehmerischen Freiheit geschaffen.

Textvariante für den freiheitsliebenden Interessenten

Phase 3: Verbindung

2 Bei jemandem, für den Sicherheit besonders wichtig ist, könnte die gleiche Passage so lauten:

Textvariante für den Interessenten, für den Sicherheit wichtig ist

Durch diesen harten Konkurrenzkampf und das sinkende Einkommen gab es für diese Kollegen keinerlei Sicherheit mehr. Kluge Köpfe haben eine Methode gefunden, wie man das ändern kann, und Network-Marketing kreiert.

3 Bei jemandem, dem Familie sehr wichtig ist, so:

Für den Familienmenschen …

Der zunehmende Konkurrenzkampf hatte ungute Auswirkungen: Die Vertreter waren nur noch unterwegs und haben Frau und Kinder höchstens noch einmal in der Woche gesehen. Klar, ein richtiges Familienleben war da nicht mehr möglich. Auch das war einer der Gründe, warum sehr intelligente Menschen auf die Idee mit Network-Marketing gekommen sind.

4 Bei jemandem, der besonders auf seine Gesundheit achten muss, könnte das Ganze in etwa so klingen:

Für den, der auf seine Gesundheit achten muss …

Der Konkurrenzkampf in dem betreffenden Gebiet wurde nun noch härter. Für die Vertreter war das Stress pur. Einige von ihnen sind sogar krank davon geworden. Da haben einige sehr intelligente Leute gesehen, dass das so nicht weitergehen kann. So sind sie auf die Idee mit Network-Marketing gekommen – ein System, das von den Leuten diesen Druck wegnahm, der sie vorher kaputtgemacht hat.

SUPER SPONSOR SYSTEM　Baustein 8: Geschäftspräsentation

5   Bei jemandem, dem Anerkennung und leistungsgerechte Bezahlung wichtig sind, sagen Sie so:

Es gab einen harten Konkurrenzkampf, die Vertreter mussten richtig rackern, aber gleichzeitig sanken ihre Einkünfte. Einigen klugen Köpfen wurde klar, dass das nicht so weitergehen kann: Vertreter, deren Arbeit nicht mehr ausreichend honoriert und bezahlt wird, sind auch nicht mehr motiviert. So ist man auf die Idee Nework-Marketing gekommen, wo jeder seiner Leistung entsprechend verdient. Schauen wir uns einmal an, wie das funktioniert: ...

Für den, dem Anerkennung und leistungsgerechte Bezahlung wichtig sind ...

6   Bei jemandem, dem soziale Aspekte sehr wichtig sind, könnte das Ganze so klingen:

Bei den Vertretern brach ein Kampf jeder gegen jeden aus. Einige sehr intelligente Menschen haben gesehen, dass das schädlich ist und dass man mehr erreicht, wenn man Leute „an der Front" hat, die wie Pech und Schwefel zusammenhalten. Sie haben sich Gedanken darüber gemacht und sind so auf die Idee mit Network-Marketing gekommen.

Für den, dem Mitmenschlichkeit und Soziales wichtig sind ...

7   Und so sagen Sie zu jemandem, der mehr Zeit für seine Hobbys haben möchte:

Der Konkurrenzkampf zwischen den Vertretern wurde immer härter. Bald haben sie nur noch gearbeitet, Freizeit war praktisch ein Fremdwort für sie.

Für den, der sich mehr Zeit für seine Hobbys wünscht ...

SUPER SPONSOR SYSTEM

Phase 3: Verbindung

Da sind kluge Leute auf die Idee mit Network-Marketing gekommen. Mit diesem System haben sie erreicht, dass die Leute wieder zufriedener waren, denn plötzlich blieb auch wieder Zeit für Fußball (Tennis, Wandern, Kinogehen, Briefmarkensammeln – hier setzen Sie ein, was Ihren Kandidaten eben besonders interessiert) ☺. *Schauen wir uns einmal an, wie dieses wirklich geniale System funktioniert: ...*

e) Allgemeine Hinweise zu Ihrer Geschäftspräsentation

Für die eigentliche Geschäftspräsentation gilt grundsätzlich folgende Devise: In der Kürze liegt die Würze. Oder wie die Amerikaner zu sagen pflegen: „Keep it short and simple!" Die Präsentation sollte zwischen 15 und (maximal!) 30 Minuten kurz sein, motivieren und eine kleine Auswahl der interessantesten Zahlen, Daten und Fakten enthalten. Versuchen Sie auf keinen Fall, alles bis ins Detail zu erklären. Denken Sie bitte in diesem Zusammenhang auch an den Spruch: „Fachidiot schlägt Interessenten tot!" Wenn Sie zu tief und detailliert in bestimmte Themen einsteigen, besteht die Gefahr, dass Sie Ihren Interessenten verwirren, verunsichern, ihm vielleicht sogar Angst machen. Die Erfahrung hat im Übrigen auch gezeigt, dass die „Informationssauger" nicht die sind, die dann aufgrund der erhaltenen Infos bei Ihnen

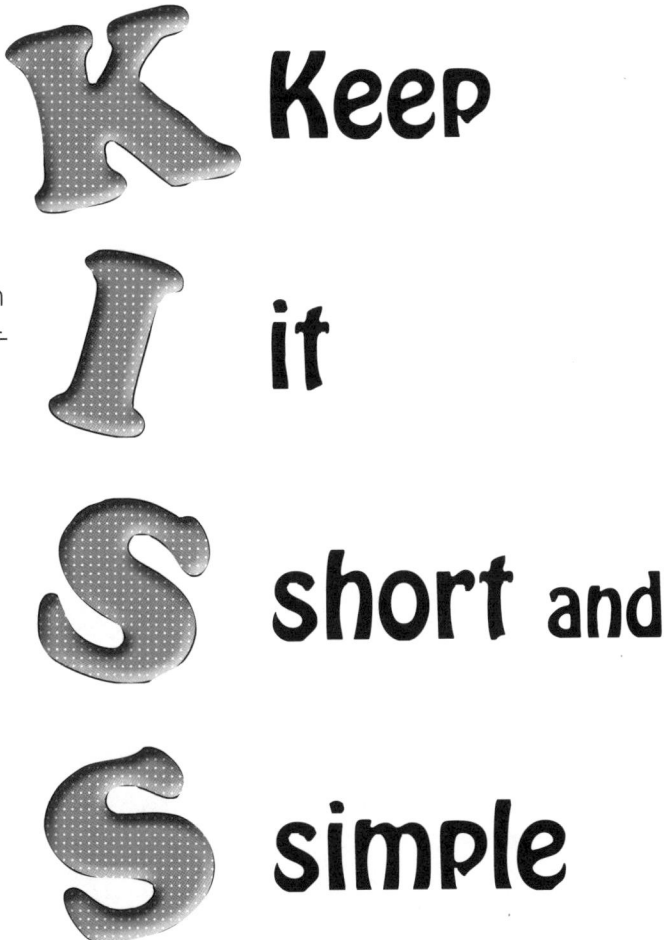

K Keep

I it

S short and

S simple

Phase 3: Verbindung

Bei der Präsentation nicht auf Details wie Bonusstufen, Vertragsgestaltung, oder Strukturaufbau eingehen

einsteigen. Die Praxis hat eher bewiesen, dass sich diejenigen, denen Sie genau diese Details geben, genau wegen dieser erhaltenen Infos gegen (!!!) eine Zusammenarbeit entscheiden. Also, die Einzelheiten über Bonusstufen, Vertragsgestaltung, den Strukturaufbau etc. gehören hier nicht her. Zu diesen Themen können Sie den Partner eingehend aufklären, sobald er wirklich aktiv ist und das Geschäft betreiben will. Denn erst dann ist es für ihn auch wirklich wichtig.

Zeigen Sie in der Präsentation am besten der Reihe nach folgende Dinge:
1. den Markt
2. das Produkt
3. die Geschäftsgelegenheit/das Einkommen
4. die nächsten Schritte.

f) Das Produkt / der Markt

Generell gilt: Reden Sie im Zweifelsfalle weniger über das Produkt, stattdessen lieber über den vielversprechenden Markt! Sie müssen einen Bedarf für eine Zusammenarbeit wecken, und der kann nur plausibel werden, wenn in Ihrem Markt auch entsprechende Zukunftschancen und Wachstumspotenziale erkennbar sind. Niemand steigt in ein Geschäft ein, in dem er/sie keine Zukunftsperspektiven sieht, weil dessen Markt begrenzt oder gar nicht vorhanden ist.

Also öffnen Sie dem Gesprächspartner die Augen dafür, dass im Moment und in Zukunft ein riesiger Bedarf an genau Ihren Produkten und/oder Dienstleistungen in der Bevölkerung da ist und sein wird.

Sie müssen die Botschaft vermitteln: Es besteht aktuell und in Zukunft ein großer Bedarf an Ihrem Produkt / Ihrer Dienstleistung

Denken Sie daran: Wenn Sie über das Produkt sprechen, werden Sie unter Umständen jemanden gewinnen, der sich für das Produkt interessiert. Reden Sie allerdings über Märkte und unternehmerische Potenziale, dann wird Ihr Interessent eher erkennen, dass er sich mit Ihnen in Zukunft etwas aufbauen kann.

Vermitteln Sie Ihrem Interessenten, dass die Menschen dieses oder jenes Problem haben und dass dieses Problem durch die Veränderungen, die aktuell stattfinden, noch akuter werden wird. Ihr Gegenüber muss erkennen: Da ein Problem besteht, gibt es einen Bedarf. Und dieser Bedarf wird in der nächsten Zeit noch wachsen.

Argumentationsmuster: Aktuell besteht ein Problem, dieses wird in Zukunft noch größer werden

Gut macht es sich, wenn Sie dabei Presseberichte oder Ähnliches präsentieren können, die über genau diesen

Phase 3: Verbindung

Bedarf berichten. Das sollten im Idealfall keine Unterlagen Ihrer Firma sein, sondern möglichst Berichte aus unabhängigen und renommierten Blättern, eventuell auch aus bekannten Internetportalen.

Zweiter Argumentationsschritt: Sie erklären, wie Ihr Produkt / Ihre Dienstleistung das angesprochene Problem löst

Im zweiten Schritt zeigen Sie, wie Ihr Produkt das soeben erklärte Problem lösen und den Bedarf befriedigen kann. Erklären Sie das Produkt kurz und begeisternd, aber halten Sie sich nicht lange damit auf, damit Ihr Interessent gar nicht erst den Eindruck bekommt, es sollte in erster Linie darum gehen, ihn als Kunden für dieses Produkt zu gewinnen. Denken Sie daran, wenn Sie ihn für eine geschäftliche Zusammenarbeit gewinnen, wird er oder sie in den meisten Systemen automatisch Kunde werden.

An dieser Stelle noch ein Insidertipp. Es gibt zwei Varianten: Entweder Sie erklären Ihrem Gesprächspartner die ganze Sache. Zum Beispiel, warum der Markt gerade zu diesem Zeitpunkt ideal für einen Einstieg ist.

Eleganter und effektiver: Ihr Gesprächspartner erklärt sich selbst, warum der Markt so vielversprechend ist

Die zweite Variante, und das ist die wesentlich bessere: Sie sorgen dafür, dass sich Ihr Gesprächspartner selbst erklärt, warum der Markt geradezu ideal ist.

Um das zu bewerkstelligen, hat sich bewährt, aus dem „Erklärmodus" in den „Fragemodus" zu wechseln. Sagen Sie Ihrem Interessenten also nicht, wie vielversprechend der Markt und wie erfolgreich Ihr Produkt gerade ist, sondern lassen Sie ihn doch selbst einmal

Baustein 8: Geschäftspräsentation

raten. Egal in welcher Branche oder in welchem Markt Sie auch tätig sind, Sie können in den nachfolgenden Fragen beliebig Ihren eigenen Markt und Ihr Thema einsetzen. Ob Wellness, Finanzen, Geldgeschäft, Happy-Aging, Internet, E-Commerce, Edelmetall, Nahrungsergänzung, Saft, Kosmetik, Schmuck. Was auch immer Ihr Produkt/Ihre Dienstleistung sein mag. Das Gesprächsmuster ist immer gleich.

Das könnte sich dann wie folgt anhören:

- *Kannst du dir vorstellen, warum unsere Firma gerade so schnell expandiert?*

- *Wir arbeiten im Bereich XY. Was meinst du, warum wir ständig unser Personal aufstocken?*

- *Hast Du eine Ahnung, warum gerade diese Art von Produkten momentan weggeht wie warme Semmeln?*

- *Schätz mal, warum der Bedarf an solchen Produkten unter den Menschen gerade im Moment so hoch ist?*

- *Was meinst du, warum unsere Firma gerade so viel Geld in die Ausbildung neuer Berater steckt?*

Mögliche Fragen, mit denen Sie bei Ihrem Gesprächspartner den „Selbsterklärungsmodus" aktivieren

Und dann sagen Sie einfach einmal für kurze Zeit gar nichts.

SUPER SPONSOR SYSTEM

Phase 3: Verbindung

Was meinen Sie, wie schnell Ihr Gegenüber Antworten auf Ihre Fragen finden wird und anfängt, sich auf diese Art und Weise das Geschäftsmodell selbst zu verkaufen oder den Bedarf selbst bewusst zu reden.

Das funktioniert viel besser, als wenn Sie ihm/ihr das Modell bis ins Kleinste in den blumigsten Farben erklären! Denken Sie immer daran, dass Ihnen als Rekrutierender/em im Zweifelsfalle immer unterstellt wird, Sie müssten ja alles so „schön" erklären. Denn Sie wollen ja jemanden „haben" oder ihn zum Mitmachen bewegen. Das stimmt natürlich. Aber das muss ja niemand merken. Sorgen Sie doch in Zukunft durch Fragen dafür, dass sich Ihre Kandidaten so viel wie möglich selbst schönreden.

Denn das eigene Kind ist immer noch das liebste!

Sonderfall Verbrauchsgütersystem

Sollten Sie in einem Verbrauchsgütersystem tätig sein, in dem das System das eigentliche Produkt ist, hat sich die erklärende Darstellung als besser bewährt. Über so etwas wissen nämlich nur sehr wenige Menschen Bescheid, und deswegen bringt es auch nicht so viel, den Selbsterklärungsmodus über die o.g. Fragetechnik zu aktivieren. Bitte übernehmen Sie hier gleich von Anfang an selbst das Ruder im Gespräch und nutzen die folgende Darstellung:

Textvorschlag für die Erklärung eines Verbrauchsgütersystems

Ein Verbrauchsgütersystem ist ein Zusammenschluss vieler Menschen, die bestimmte Produkte benutzen, man könnte auch sagen eine Einkaufsgemeinschaft oder

Baustein 8: Geschäftspräsentation

ein Konsumentennetzwerk. Du bekommst genauso wie jeder andere in dieser Gemeinschaft eine Karte, mit der du bei jedem Einkauf einen bestimmten Rabatt erhältst. Wenn du jemanden begeisterst, dieser Einkaufsgemeinschaft ebenfalls beizutreten, wirkt sich das über kurz oder lang auf die Preise aus, zu denen du selbst einkaufst. Das heißt im Klartext: Je mehr Menschen du für diese Idee gewinnst, desto günstiger werden deine eigenen Einkaufspreise. In zweiter Instanz partizipierst du sogar noch an allen getätigten Umsätzen.

> „Je mehr Menschen du für diese Idee gewinnst, desto günstiger werden deine eigenen Einkaufspreise"

Im normalen Einzelhandel bekommt, sagen wir, der Produzent 25 Prozent, der Großhändler 25 Prozent und der Einzelhändler 50 Prozent vom Verkaufspreis.
In Verbrauchsgütersystemen und Konsumentennetzwerken wie dem unseren sind der Groß- und der Einzelhandel vollständig ausgeschaltet. Wir haben also die 25 Prozent Herstellungskosten und können die restlichen 75 Prozent an die Leute geben, die das Produkt verkaufen oder weiterempfehlen. Ganz klar, wir haben ja keine Ladengeschäfte, Mieten, Angestellten- und sonstigen Vertriebs- oder Nebenkosten.

Das heißt, wir geben 75 Prozent von dem Geld, das sonst in den Handel fließt, an die Menschen zurück, die die Produkte sowieso nutzen, und belohnen damit noch ihre Empfehlung an andere.
Deswegen ist dieses System in den USA schon seit Jahrzehnten höchst erfolgreich und auch in Europa und Deutschland im Moment massiv auf dem Vormarsch.

Phase 3: Verbindung

Aber du weißt ja, in „Good old Germany" kommt alles mit ein paar Jahren Verzögerung an – und genau das ist unsere große Chance☺!

Auf dieses Erklärungsmodell können Sie auch zurückgreifen, wenn Sie Ihrem Interessenten vermitteln wollen, wo die Provisionen im Network-Marketing herkommen!

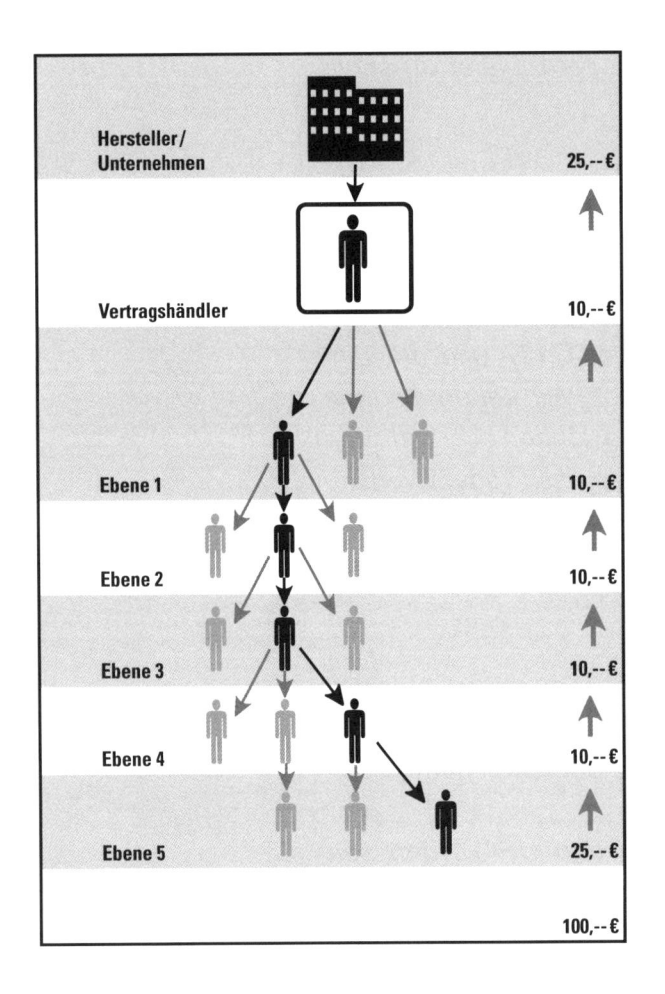

Das Ganze wird natürlich noch leichter verständlich, wenn Sie eine Skizze zur Hand haben, die einen Überblick über das System gibt. Arbeiten Sie an dieser Stelle ruhig mit dieser Darstellung oder skizzieren Sie die Struktur „just in time", denn ein Bild sagt mehr wie tausend Worte.

Hersteller/Unternehmen	25,-- €
Vertragshändler	10,-- €
Ebene 1	10,-- €
Ebene 2	10,-- €
Ebene 3	10,-- €
Ebene 4	10,-- €
Ebene 5	25,-- €
	100,-- €

So können Sie schematisch darstellen, wie ein Verbrauchsgütersystem funktioniert

g) Das Einkommen

„Wegen des Geldes arbeiten die meisten Networker sowieso nicht – sonst würden sie ja welches verdienen."

In diesem kleinen provozierenden Spruch steckt sicher ein Körnchen Wahrheit!
Was wir daraus lernen können, ist, dass Geld tatsächlich nicht immer die wichtigste Motivation ist, Network-Marketing zu betreiben.

Wie viel Sie über das Einkommen sagen, das Ihr Kandidat erzielen kann, ist wesentlich davon abhängig, in welcher Art von System Sie arbeiten.
Wenn Ihr Ziel zunächst nur ist, Ihren Interessenten auf eine Geschäftspräsentation oder Infoveranstaltung zu bringen, raten wir davon ab, groß über das Thema Einkommen zu sprechen.
Da es auf der Präsentation sowieso genau erklärt wird, kann man immer auf diese Veranstaltung verweisen. Die Neugierde erhöht unseren Erfahrungen nach sogar um ein Vielfaches den Anreiz, so eine Veranstaltung einmal zu besuchen.

Wenn Ihr Kandidat sowieso zur Infoveranstaltung muss: Möglichst wenig zum Thema Einkommen sagen und auf die Veranstaltung verweisen

Dagegen kann und wird es dort, wo Ihr Kandidat gleich einen Geschäfts- oder Vertriebspartnerantrag unterschreiben soll, durchaus sinnvoll sein, etwas näher auf das Thema einzugehen.
Grundsätzlich sollten Sie aber immer an einen bestimmten, nicht zu unterschätzenden psychologischen Effekt

Wenn er gleich einen Antrag unterschreiben soll, werden Sie ausführlicher

SUPER SPONSOR SYSTEM

Phase 3: Verbindung

denken. Unter Männern gibt es den schönen Spruch: „Die Vorstellung, wie eine Frau nackt aussieht, ist meist noch erotischer als die Wahrheit." (Wahrscheinlich ist das bei Frauen, wenn sie sich nackte Männer vorstellen, umgekehrt genauso.)

Die Vorstellung des Kandidaten, dass im Network viel Geld verdient werden kann, ist viel spannender als die Zahlen!

Auf Ihr System übertragen bedeutet das: Die eigene Vorstellung Ihres Kandidaten, welche Verdienstmöglichkeiten sich hinter Network verbergen, und die Vorstellung, dass dort enorm viel Geld verdient werden kann, ist viel spannender als die Zahlen!
Es kann eine durchaus sinnvolle Variante sein, wenn Sie Ihren Kandidaten gedanklich ein wenig von den konkreten Verdienstzahlen wegbringen und eher seine Fantasie noch ein wenig „anschüren", indem Sie ihm sagen:

Du, übers Geldverdienen möchte ich gar nicht so großartig mit dir reden. Du kannst dir sicher vorstellen, dass bei uns genügend Geld verdient wird!

Oder auch:
Ich suche Leute, die das Ganze wegen der Aufgabe an sich machen, und die werden auch gut entlohnt!

Auf diese Weise hält man sich die Leute „hungrig" und neugierig!
Sollte jedoch aufseiten Ihres Gesprächspartners das dringende Verlangen nach genauen Verdienstzahlen da sein, dann halten Sie die Erklärung des Verdienstes bitte unbedingt einfach! Unsere Erfahrung hat gezeigt, dass

Baustein 8: Geschäftspräsentation

das Erklären des Verdienstes mit Prozenten und Margen eher Verwirrung stiftet und es somit besser ist, vorher klare Euro-Beträge auszurechnen und dann auch zu kommunizieren. Klare Verdienstzahlen pro Kopf und Kauf!

Bitte bedenken Sie, dass die meisten Menschen keine Ahnung von Margen, Beteiligungen, Handelsspannen und anderen Prozenten haben. Von Geldbeträgen allerdings schon, denn damit haben sie jeden Tag zu tun.

Erklären Sie also in folgender Manier:

1 Wenn du Produkt A empfiehlst/verkaufst, dann bekommst du Betrag X.

2 Bei drei Kunden/Verbrauchern im Monat macht das Summe Y.

3 Bei insgesamt zehn Kunden macht das für dich einen Verdienst von XYZ!

4 Wenn jetzt einer deiner Teampartner dieses Produkt empfiehlt/verkauft, bist du mit Betrag X an diesem Umsatz beteiligt.

5 Wenn du also drei Leute im Team hast, die das Produkt im Schnitt dreimal im Monat empfehlen/verkaufen, verdienst du also bei neun umgesetzten Produkten den Betrag X und bist automatisch in einer höheren Position.

Wie Sie Ihre Erklärung zum möglichen Verdienst aufbauen

SUPER SPONSOR SYSTEM

Phase 3: Verbindung

6 Solltest du das Produkt in deiner jetzigen, höheren Position nochmals selbst weiterempfehlen oder verkaufen, verdienst du nicht mehr wie bisher nur den Betrag X, sondern den Betrag X+! Das Schöne ist, ab diesem Moment erhöht sich auch dein Verdienst an den Gesamtumsätzen deiner Geschäftspartner ...

Und so weiter und sofort.

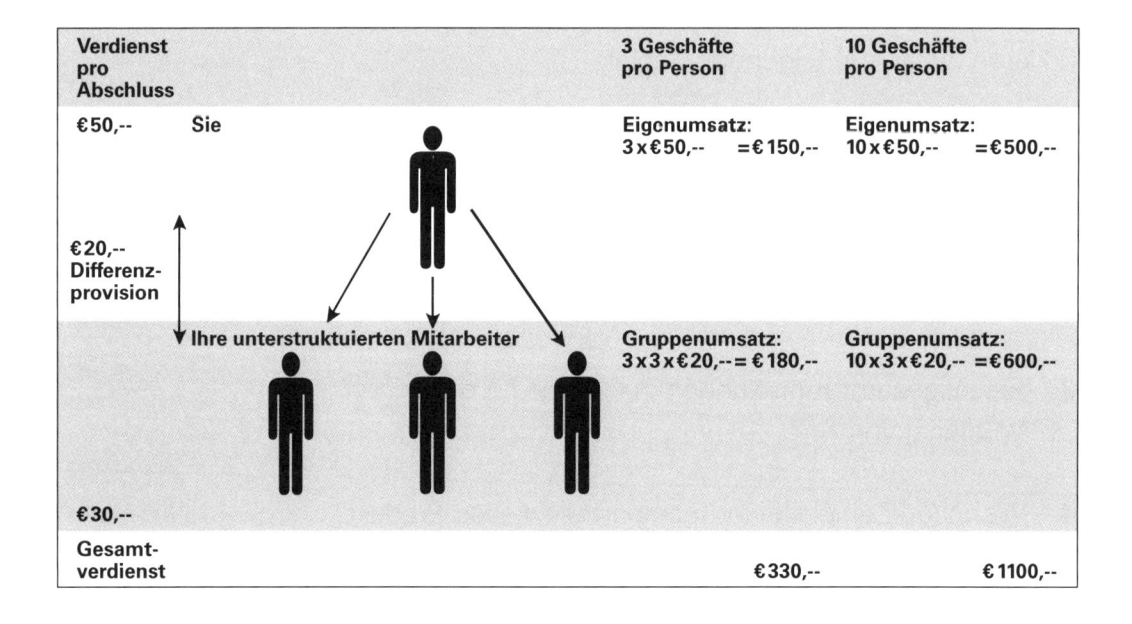

Verdienst pro Abschluss		3 Geschäfte pro Person	10 Geschäfte pro Person
€50,-- Sie		Eigenumsatz: 3 x €50,-- = €150,--	Eigenumsatz: 10 x €50,-- = €500,--
€20,-- Differenzprovision	Ihre unterstruktuierten Mitarbeiter	Gruppenumsatz: 3 x 3 x €20,-- = €180,--	Gruppenumsatz: 10 x 3 x €20,-- = €600,--
€30,-- Gesamtverdienst		€330,--	€1100,--

So lassen sich die Verdienstmöglichkeiten eines Networkers grafisch aufschlüsseln

Bitte beachten Sie auch, dass Sie mehrere Beispiele vorab durchrechnen sollten.

Das Minimum, das Sie im Repertoire haben sollten, sind drei Beispiele:

Baustein 8: Geschäftspräsentation

1. eines für 300–600 Euro nebenbei
2. eines für 1000–1500 Euro Zusatzverdienst und
3. eines mit einem Verdienst von 5000–10 000 Euro.

Diese Verdienstbeispiele können Sie dann den entsprechenden Interessenten präsentieren. Der Hausfrau das erste Beispiel, dem Angestellten das zweite und dem Unternehmer das dritte! Jedem so, wie er/sie es braucht.

Die Beispielrechnungen für Monatsverdienste in diesen Höhen sollten Sie immer „im Koffer" haben!

Ergänzend sei an dieser Stelle noch mal angemerkt, dass es im Volksmund einen sehr weisen Spruch gibt: „Menschen, die Geld haben, müssen nicht darüber reden! Im Network-Marketing sagt man auch: Diejenigen, die mit den großen Beträgen „um sich werfen", haben sie bis auf einige wenige Ausnahmen gar nicht in ihrem Geschäft verdient.

Für das Zweiergespräch gilt also: Es ist viel besser, wenn Sie „repräsentieren", dass es Ihnen gut geht. Eine unterschwellige und stilvolle Statuskommunikation ist deswegen absolut zu empfehlen. Hochwertige Kleidung, schöne Schreibutensilien, neueste Kommunikations- und Präsentationstechnik, ein schickes und vor allem gepflegtes Auto und immer ein paar Euro in der Tasche, z. B. um den Kaffee im Restaurant zu bezahlen, tun ein Übriges.

Eine unterschwellige und stilvolle Statuskommunikation ist beim Kontakt mit Interessenten absolut zu empfehlen

Phase 3: Verbindung

h) Die nächsten Schritte

Wenn Sie so wie gerade besprochen präsentiert haben, baut sich natürlich beim Interessenten immer eine wesentliche Frage auf: „Was bedeutet das denn jetzt für mich?" oder „Wie komme ich nun in den Genuss dieser ganzen Vorzüge?"

Deswegen ist es ein „Must", bevor Sie jetzt die Präsentation beenden, dem Interessenten noch zeigen, was es für ihn/sie als Nächstes zum Start konkret zu tun gibt, um selbst die besprochenen Vorteile einer Struktur genießen zu können.

Erstellen Sie für Ihren Interessenten eine Liste seiner ersten To-dos in der Struktur

Das geht ganz einfach. Nehmen Sie sich die ersten To-dos her, die in Ihrem System zum Erfolg führen, und kommunizieren Sie diese in Form einer leicht verständlichen Liste.

Diese Liste könnte zum Beispiel so aussehen:

Die ersten Schritte:
 1 *eigene Erstbestellung machen*
 2 *Broschüre „Meine ersten 48 Stunden" ausfüllen*
 3 *Startermeeting am … besuchen*
 4 *drei Menschen empfehlen*
= Bonusstufe 1

Dazu formulieren Sie in etwa so:
Das war jetzt eine ganze Menge Information, oder? Aber letztendlich ist es ganz einfach: Ich unterstütze dich nach

Baustein 8: Geschäftspräsentation

Kräften. Wenn wir diese vier Schritte miteinander umsetzen, dann sind wir auf einem sehr guten Weg, und du verdienst schon dein erstes Geld! Alles andere lernst du dann auf dem nächsten Teamcall/-meeting:

Wenn Sie Ihre Präsentation nach diesem Muster aufbauen, haben Sie schon den größten Teil geschafft und Ihr Ziel ist zum Greifen nahe: der Abschluss.

Phase 3: Verbindung

DAS WICHTIGSTE IN KÜRZE

1 Die Strategie, die Sie bei Ihrer Kurz-Geschäftspräsentation fahren, sollte sein: So viel konkrete Information geben wie nötig und so viel Neugier wecken wie möglich!

2 Reden Sie Ihren Kandidaten nicht „tot". Je mehr Sie ihn ins Gespräch einbeziehen und durch geschicktes Vorgehen dafür sorgen, dass er „sich Ihre Geschäftsidee selbst verkauft", desto leichter wird es Ihnen fallen, ihn zu überzeugen.

SUPER SPONSOR SYSTEM

Baustein 8: Geschäftspräsentation

DIE SEITE FÜR SIE:
IHRE GESCHÄFTSPRÄSENTATION

Feilen Sie nach den oben erklärten Kriterien an Ihrer Geschäftspräsentation!

Hier noch einmal das Schema:

1 Der Markt

- **Die Menschen haben folgendes Problem:**

  _____

  _____

- **Das hängt mit folgenden aktuellen Entwicklungen zusammen:**

  _____

  _____

- **Vermutlich wird sich die Lage in folgender Weise weiterentwickeln:**

  _____

  _____

Phase 3: Verbindung

- **Das bedeutet für mein Produkt / Geschäftsmodell:**

  _____

  _____

2 **Das Produkt**

- **Das Produkt löst folgendes Problem des Käufers:**

  _____

  _____

- **Die Funktion erfüllt es deswegen so gut, weil es:**

  _____

  _____

- **Seine besonderen Merkmale sind außerdem:**

  _____

  _____

Baustein 8: Geschäftspräsentation

Formulieren Sie jetzt die oben gemachten Aussagen als Fragen an Ihren Interessenten, um dessen „Selbsterklärungsmodus" zu aktivieren:

Der Markt

- _____
  _____

- _____
  _____

- _____
  _____

- _____
  _____

SUPER SPONSOR SYSTEM

Phase 3: Verbindung

Das Produkt

-
-
-
-

PHASE 3: VERBINDUNG

Baustein 9: Der Abschluss

Phase 3: Verbindung

a) Den Interessenten „zappeln lassen": Bekomme ich den Job?

Jetzt kommt die alles entscheidende Phase: Es gilt jetzt, „den Sack zuzumachen" und den Abschluss zu erzielen.

Je mehr Sie es im vorangegangenen Baustein geschafft haben, die Werte, Ziele und Träume Ihres Interessenten in die Systemerklärung einzubauen und miteinander zu verknüpfen, desto größer wird dessen Begierde jetzt sein.

Jetzt gibt es nur noch eine kleine Hürde zu nehmen, nämlich dem Interessenten zu erklären, dass er etwas investieren muss, um im Business dabei zu sein. Nämlich einen Betrag X für die Erstbestellung/das Starterkit oder dergleichen, sein persönliches Investment.

Die Hürde: Der Interessent muss Geld für Erstbestellung / Starterkit ausgeben

Um dieses kleine Nadelöhr noch zu meistern und in diesem Moment keinen „Absprung" zu riskieren, müssen Sie in dieser Phase dessen Begierde noch auf ein Maximum anheizen.

SUPER SPONSOR SYSTEM
Baustein 9: Der Abschluss

Das beste Mittel dafür ist: Der Interessent muss jetzt ein wenig Angst haben, dass er den Job, den Sie ihm erklärt haben, nicht bekommt! Sie erzeugen durch das Wegnehmen der Chance den jedem bekannten „Lutschereffekt"! Nur zur Erinnerung: Wenn man einem Kind einen Lutscher reicht und ihn wieder wegzieht, erst dann wird der Lutscher für das Kind noch begehrenswerter, und es strengt sich noch mehr an, ihn zu bekommen.

Der Interessent muss jetzt Angst haben, dass er den Job nicht bekommt ...

Auch bei Erwachsenen ist dieser Effekt nutzbar. Erst wenn Menschen etwas nicht gleich bekommen können oder sogar ein wenig darum kämpfen müssen, erst dann wird es interessant. Wir erinnern uns in diesem Zusammenhang auch an das Prinzip: „Geschenkte Dinge sind nichts wert!"

... denn erst wenn man um etwas kämpfen muss, wird es begehrenswert

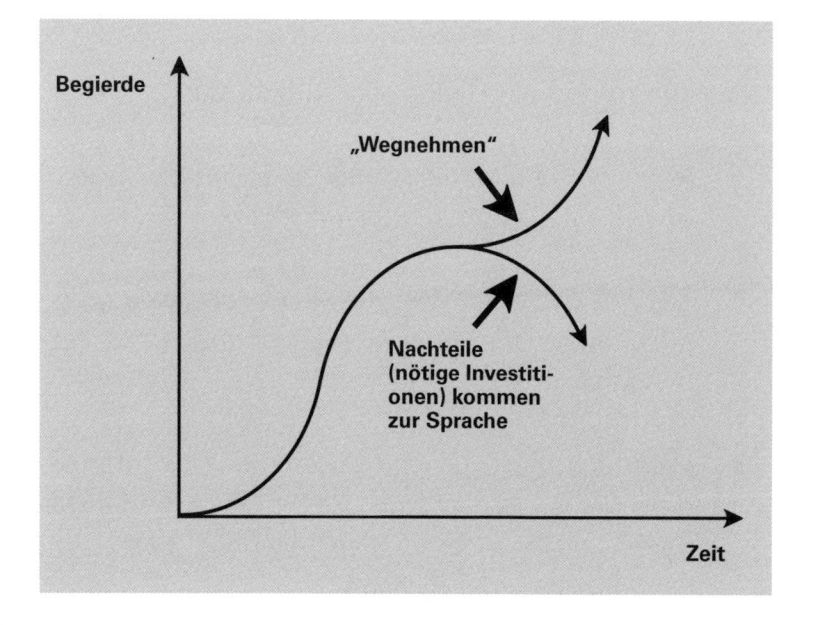

Die „Begierdekurve" Ihres Interessenten und wie Sie sie durch „Wegnehmen" beeinflussen können

SUPER SPONSOR SYSTEM

Phase 3: Verbindung

Die psychologische Kunst für diesen abschließenden Teil des Gesprächs besteht, zusammengefasst, aus zwei Faktoren:

1. Sie müssen Ihren Interessenten „zappeln lassen".
2. Aber Sie dürfen ihn dabei nicht vor den Kopf stoßen, denn im ungünstigsten Fall provozieren Sie damit gerade das, was Sie vermeiden wollen: den „Absprung".

Sie könnten am Beginn der entscheidenden Phase in etwa so formulieren:

Ich glaube, wir hatten ein gutes Gespräch, du bist sehr sympathisch, und ich könnte mir auch vorstellen, dass wir beide geschäftlich gut zusammenpassen. Allerdings ich weiß noch nicht so recht ...

Fragen Sie Ihre/n Kandidaten/in, warum er/sie der/die Richtige ist

Und dann kommt eine Frage oder Aufforderung:

1. *Nenn mir doch bitte einmal zwei Gründe, warum ich mit dir zusammenarbeiten sollte!*

2. *Sag mir doch kurz: Welche sind denn deine größten Stärken, die du in eine Zusammenarbeit einbringen kannst?*

3. *Wenn ich mich für eine Zusammenarbeit mit dir entscheide, entscheide ich mich automatisch gegen einen anderen. Sag mir doch ganz kurz, warum bist du der Richtige?*

Baustein 9: Der Abschluss

4   *Bist du ein zuverlässiger und positiv denkender Mensch?*

Nehmen Sie sich eine der vier Varianten, mit der Sie sich am besten identifizieren können – oder kombinieren Sie mehrere davon – und verwenden Sie diese, um den Interessenten dazu zu bringen, sich Ihnen gegenüber positiv zu „verkaufen". Setzen Sie ihn/sie sozusagen „schach"!

Wir sind jetzt an der alles entscheidenden Stelle im Gespräch angelangt! Jetzt ist es essenziell wichtig, die nötige Abschlusspower zu entwickeln und den Kandidaten auch tatsächlich „einschreiben" oder „anmelden" zu wollen. Menschen wollen „geführt" werden, und die meisten Menschen brauchen jemandem, der ihnen konkret sagt, was es zu tun gibt, wie es getan werden muss und vor allem wann es getan werden muss.

Jetzt entscheidet sich alles!

Diesen Part müssen Sie in diesem Moment übernehmen, und das heißt ganz konkret, die Abschlussfrage auch mit Überzeugung und Selbstbewusstsein zu stellen!

Das A und O: Ihre Abschlussfrage mit Überzeugung und Selbstbewusstsein stellen

Kleine Anmerkung noch am Rande: Sollten Sie selbst nicht der Überzeugung sein, dass es Ihr gutes Recht ist, die Leute sofort anzumelden, dann wird Ihnen das auch nicht gelingen. Das ist eine reine Einstellungssache.
In Verkäuferkreisen gibt es dazu einen schönen Spruch, der lautet: „Er gab alles für den Kunden, aber er vergaß den Abschluss!". Bei vielen Networkern könnte er lauten: „Er/sie präsentierte bis ins Nirwana, vergaß aber am Ende, den neuen Partner einzuschreiben!"

Phase 3: Verbindung

b) Sich das Ja des Interessenten abholen

Sie haben Ihre Frage platziert, warum Ihr Kandidat glaubt, dass er der Richtige ist. Nun ist es das oberste Gebot, eine Pause zu machen und eisern den Mund zu halten, auch wenn es jetzt vielleicht ein paar Sekunden dauert, in denen Ihr Interessent überlegt.

Erst einmal den Mund halten – Ihr Gesprächspartner ist dran!

Denken Sie bitte daran: Wer jetzt zuerst redet, hat verloren. Ihr Gesprächspartner ist dran! Er wird jetzt die Gründe nennen, die für ihn sprechen und die ihm auf die Schnelle einfallen.

Nehmen Sie diese Gründe wohlwollend und positiv auf und sagen Sie dann:

„Klasse, das hat mich jetzt endgültig überzeugt, herzlich willkommen im Team!"

Klasse, das hat mich jetzt endgültig überzeugt, herzlich willkommen im Team! Ich freue mich, dich beim Erreichen deiner Ziele unterstützen zu dürfen!

Im gleichen Moment stehen Sie auf und strecken Ihrem Interessenten die Hand entgegen. Dieser wird mit großer Sicherheit Ihren Handschlag erwidern und bekennt sich durch diesen Handschlag zu einer Zusammenarbeit. Man spricht in diesem Zusammenhang auch von „Commitment"!

Das Allerwichtigste in dieser Situation ist Folgendes: Egal wie groß oder klein die Investition für den Einstieg bei Ihnen auch sein mag – bitte stellen Sie die Abschlussfrage

Baustein 9: Der Abschluss

routiniert und mit viel Selbstbewusstsein. Erinnern Sie sich bitte in diesem Zusammenhang auch an die „Keine-große-Sache-Kommunikation" (Seite 226) und demonstrieren Sie am entscheidenden Punkt „Größe". Es sollte für Sie eine Selbstverständlichkeit sein, nach einem Sponsorgespräch auch den „Torschuss" zu platzieren.

Sollten Sie diese Abschlusspower noch nicht besitzen, dann trainieren Sie genau diese Sequenz des Gesprächs

Die Abschlussfrage muss ganz selbstverständlich „über die Rampe gebracht werden"

Phase 3: Verbindung

Jetzt gleich zu den nötigen (Antrags-/Anmelde-) Formalitäten übergehen

mit einem Ihrer Partner oder Ihrer Führungskraft, bis wirklich alles sitzt. Jede Bewegung, jedes Wort und jeder Augenaufschlag.

Je nachdem, ob Sie ein Starterkit zeichnen, einen Vertriebspartnerantrag ausfüllen oder den Kandidaten für eine Firmenpräsentation anmelden wollen, machen Sie also mit einer der folgenden Formulierungsvarianten nahtlos weiter.

- *So, jetzt geht es nur noch darum, die formellen Dinge auf den Weg zu bringen!*

- *Die Frage ist, mit welchem Starterkit möchtest du denn starten: mit dem Basispaket oder mit dem Schnellstarterpaket?*

- *Ich bräuchte jetzt noch deine persönlichen Daten, die müssen in den Geschäftspartnerantrag. Wie lautet denn deine genaue Postanschrift!*

- *An welcher unserer Starterpräsentationen willst du denn teilnehmen? Am 11.11. oder am 18.11 …?*

Demonstrieren Sie, wie schon gesagt, beim Anmeldevorgang Selbstverständlichkeit und füllen Sie gemeinsam mit dem Interessenten alle notwendigen Formulare aus.

Bei den meisten Gesprächspartnern funktionieren diese Abschlusssätze einwandfrei. Hin und wieder gibt es den

Baustein 9: Der Abschluss

einen oder anderen Kandidaten, der noch mal etwas „gegenrudert" – sei es durch Bedenken, Einwände oder durch etwas „Gegenwehr"!

Bleiben Sie in solchen Situationen gelassen und demonstrieren Sie weiterhin einen Status der Stärke und Sicherheit!
Leiten Sie dann entsprechende Maßnahmen ein. Identifizieren Sie die „Probleme" und gehen Sie zu einer zielführenden Einwandbehandlung (mehr dazu ab Seite 283) über.

Bei eventuellen erneuten Einwänden gelassen bleiben

Das Wichtigste in dieser Phase ist, dass Sie und der Kandidat ein deutliches und klares Ja zueinander aussprechen. So beugen Sie eventuell später entstehenden Argumenten vor!

Phase 3: Verbindung

c) Gesprächsvariante / Abschlusstechnik: Guter Bulle, böser Bulle

Hier haben wir für Sie noch eine sehr wirkungsvolle psychologische Strategie. Sie ist auch unter dem Namen „Good cop, bad cop" bekannt.

Eine gute Variante für Recruiter, die noch nicht so abschlussstark sind

Besonders zu empfehlen ist sie dann, wenn man im Einzelgespräch noch nicht so abschlussstark ist und etwas Unterstützung von einer „höheren Instanz" oder auch dritten Person braucht. Sie fungieren bei dieser Strategie als „guter Bulle", die dritte Person als „böser Bulle"!

Das Prinzip ist einfach. Da Sie ja dem Kandidaten emotional recht „nahe" stehen und die gute Stimmung zwischen Ihnen beiden sehr wichtig ist, lassen Sie in der Abschlusssituation jemanden auftreten, der als „böser Bulle" fungiert. Möglicherweise einen Kollegen, eine Führungskraft, Upline oder Ähnliches. Dieser übernimmt nun die Aufgabe, Ihrem Kandidaten noch ein paar Entscheidungsfragen zu stellen und ihn damit durch die „Endprüfung" zu schicken. Sie selbst können in dieser Gesprächssituation als Befürworter Ihres Kandidaten fungieren und sich als „guter Bulle" auf seine Seite schlagen!

Das Prinzip: einen Dritten (Kollegen, Führungskraft) zuziehen, der als „böser Bulle" dem Kandidaten die unangenehmen Fragen stellt

Und so funktioniert's im Einzelnen:

Die „große Lösung"

Voraussetzung: Gespräch in den Räumlichkeiten des Partnerunternehmens

Voraussetzung ist, dass Sie das Sponsorgespräch in einem Büro oder in den Räumlichkeiten Ihres Partnerunternehmens führen, das heißt, Sie laden den Interessenten zu sich ein.

SUPER SPONSOR SYSTEM

Baustein 9: Der Abschluss

Schon vor dem eigentlichen Gesprächsbeginn sollten Sie dem Interessenten sagen, dass es in dieser Unterhaltung darum geht, die wichtigsten Infos bezüglich der Geschäftsidee zu vermitteln. Die Entscheidung bezüglich einer Zusammenarbeit werde jedoch am Ende noch von Ihrem Ausbilder/einer Führungskraft mit getroffen.

Sie arbeiten also mit einer Vorankündigung und setzen mit dieser Aussage schon einmal ein kleines Achtungszeichen. Dem Interessenten wird an dieser Stelle klar, dass nicht nur er eine Entscheidung bezüglich der Zusammenarbeit trifft, sondern noch eine weitere Person. Wenn diese Person zudem einen höheren Status hat, ist die Situation fast perfekt. Dem Interessenten wird klar: „Oh, da ist noch jemand, da sollte ich mich von meiner besten Seite zeigen!"

Der Interessent weiß von Anfang an: Ob es zu einer Zusammenarbeit kommt, ist nicht nur seine eigene Entscheidung

Stellen Sie möglichst zu Beginn des Gesprächs die dritte Person kurz als „höhere Instanz" vor, die dem Gespräch beiwohnt, oder organisieren Sie Ihr Gespräch so, dass sich die dritte Person unmittelbar in der Nähe (z. B. Nachbarschreibtisch) aufhält.

So ist es möglich, dass sich diese Person im abgesprochenen Augenblick ins Gespräch „einklinkt" und Ihrem Kandidaten ein paar „prüfende" Fragen nach seinen Qualifikationen, Erfahrungen oder bisherigen Leistungen stellt:

- *Ist Ihr Gespür im Umgang mit Menschen gut?*
- *Haben Sie organisatorisches Talent?*
- *Haben Sie denn bereits Erfahrung im Bereich der Teambetreuung/Teamorganisation/Teamführung?*

Qualifikationsfragen, die der „böse Bulle" stellen kann

SUPER SPONSOR SYSTEM

Phase 3: Verbindung

- *Welche Schulabschlüsse haben Sie gemacht?*
- *Haben Sie Abitur?*
- *Welche Berufsausbildungen haben Sie abgeschlossen?*
- *Welche beruflichen Erfahrungen haben Sie in den letzten Jahren gesammelt?*

Die „kleine Lösung"

Sollte es nicht machbar sein, dass der „böse Bulle" persönlich beim Gespräch anwesend ist, dann hat es sich bewährt, dass man sich vor einer Entscheidung telefonisch mit ihm kurzschließt oder auch beratschlagt. Bei dieser Variante ist es vollkommen egal, wo das Gespräch stattfindet, ob im Café, der Hotellobby oder beim Interessenten zu Hause. Des kurze Telefonat zwischendurch, das kann man überall führen!

Der „böse Bulle" wird nur telefonisch einbezogen – damit ist man bei der Wahl des Ortes für das Gespräch frei

In diesem Fall sind die einzelnen Etappen, in denen es abläuft, folgende:

Ankündigung, dass eine höhere Instanz mitzureden hat

1 Kündigen Sie dem potenziellen Geschäftspartner auch hier schon vor Ihrer Unterhaltung an, dass Sie ein gemeinsames Informationsgespräch führen werden, die Entscheidung bezüglich einer Zusammenarbeit jedoch nicht alleine treffen werden/können.
Sagen Sie ihm, dass Sie zwischendurch Ihre Führungskraft/Ihren Mentor/Ausbilder („höhere Instanz") anrufen werden, um sich mit ihm kurz zu beraten bzw. um abzuklären, ob zum Beispiel noch Plätze auf der nächsten Geschäftspräsentation frei sind.

SUPER SPONSOR SYSTEM — Baustein 9: Der Abschluss

2. Telefonieren Sie nach der Hälfte des Gesprächs mit Ihrer „höheren Instanz" und sagen Sie Ihrem Mentor, dass Sie einen ganz tollen, kompetenten, interessierten, einflussreichen, dynamischen (oder auch andere auf Ihren Bewerber passenden Eigenschaften) Interessenten im persönlichen Gespräch haben. Fragen Sie, wie es mit Plätzen auf der Präsentation aussieht.

Erstes Telefonat mit der höheren Instanz

3. Der „böse Bulle" sollte Ihnen jetzt seine prüfenden Fragen stellen, genauso, als wäre er selbst anwesend:
   - *Was macht denn der Interessent beruflich?*
   - *Was haben Sie vom Interessenten für einen persönlichen Eindruck?*
   - *Wie sieht es mit den technischen Voraussetzungen aus, sind PC und Telefon vorhanden?*
   - *Hat der Interessent Talent im Umgang mit Menschen?*

Die Fragen des „bösen Bullen"

4. Ihre Aufgabe als „guter Bulle" ist es nun, die Fragen an den Interessenten kurz weiterzuleiten und seine Antworten gegenüber dem „bösen Bullen" möglichst positiv zu verkaufen:
   - *Ja, er/sie arbeitet schon lange und erfolgreich als XY/in der XYZ-Branche ...*
   - *Ja, ich bin begeistert von ihm/ihr, weil ...*
   - *Ja, die technischen Voraussetzungen sind gegeben ...*
   - *Ja, ich denke, er/sie hat ein gutes Feeling im Umgang mit Menschen ...*

Sie verkaufen dem „bösen Bullen" die Anworten Ihres Interessenten möglichst positiv

Phase 3: Verbindung

5 Nachdem Sie das Telefonat beendet haben, sagen Sie Ihrem Interessenten, dass Ihr Coach/Mentor oder Ausbilder immer ein wenig prüfend oder auch übervorsichtig sei, wenn es um die Zusammenarbeit mit neuen Geschäftspartnern gehe, dass Sie aber in diesem Fall ein gutes Gefühl bezüglich seiner positiven Entscheidung hätten und dass Sie das schon hinbekommen würden. Führen Sie das Gespräch fort.

Zweites Telefonat: Nach dem Ja des Interessenten noch „das Ja der höheren Instanz einholen"

6 Telefonieren Sie, wenn sie das Ja Ihres Kandidaten haben, noch einmal kurz mit der „höheren Instanz" und verkaufen Sie Ihrem Interessenten dessen Zusage zu einer Zusammenarbeit möglichst positiv.

Baustein 9: Der Abschluss

d) Entscheidungssicherung

Nachdem sich Menschen für etwas entschieden, etwas gekauft oder sich wie in unserem Falle zu einer Zusammenarbeit bekannt haben, tritt oftmals kurz darauf ein psychologisches Phänomen ein: die sogenannte „Kaufreue"!

Ein häufiges Phänomen nach dem Ja: die Kaufreue!

Kaufreue ist die Angst vor der eigenen Courage oder auch die Angst davor, die falsche oder nicht die optimale Entscheidung getroffen zu haben.

Doch hier gibt es bewährte Gegenmittel:

1 Vereinbaren Sie deswegen sofort nach dem Abschluss einen Zweittermin und nehmen Ihren neuen Schützling dadurch gleich in die Pflicht. Lassen Sie keine Luft dran und arbeiten Sie mit möglichst enger „Mann-/Fraudeckung" ☺! Der Termin sollte so zeitnah wie möglich liegen, im Idealfall innerhalb der nächsten 72 Stunden.

Sofort einen neuen Termin vereinbaren

2 Machen Sie Ihren Interessenten mit Kollegen aus Ihrer Struktur/Firma bekannt, um die Identifikation zu erhöhen. Falls niemand greifbar ist, kann es schon reichen, wenn Sie ihm eine Collage oder ein Fotoalbum mit Bildern von Partnern aus Ihrer Struktur/Ihrem Team zeigen. Erzählen Sie etwas über einige dieser Leute. Am sinnvollsten über solche, mit denen er sich aufgrund einer ähnlichen Lebenssituation/Beruf/Herkunft/Hobby gut identifizieren kann.

Den Interessenten mit Menschen aus Ihrer Struktur oder Firma bekannt machen – gegebenenfalls genügt auch ein Fotoalbum oder eine Collage!

SUPER SPONSOR SYSTEM

Phase 3: Verbindung

Das kann etwa in folgendem Stil geschehen:

Entscheidend dabei: die Identifikation: „Schau, bei ihm ist es wie bei dir …"

- *Schau, das ist Tina. Sie studiert auch BWL und macht den Job nebenher. Im letzten Jahr hat sie eine Abrechnung über 4500 Euro bekommen …*

- *Du bist ja Maurer … Schau, das ist der Stefan, der kommt auch aus dem handwerklichen Bereich. Er hat vor einem Jahr bei uns angefangen, und in der Zwischenzeit hat er schon 35 Leute unter sich …*

- *Du kommst aus Polen …Schau her, der Kollege ist auch polnischer Landsmann und ist schon supererfolgreich!*

- *Du bist Sportler …Schau mal. Das sind die besten auf unserer letzten Firmenfeier. Die meisten von denen sind auch Sportler.*

- *Du bist ja Familienmensch …Schau mal, diese zwei Frauen sind auch Familienmanagerinnen, genauso wie du …und nebenbei recht erfolgreich.*

- *Du bist ja Unternehmer …Schau mal, diese Kollegin und dieser Kollege sind auch schon bisher erfolgreich selbstständig und nutzen unser System genau wie du zusätzlich als Existenzsicherungsmodell!*

Baustein 9: Der Abschluss

Je mehr Gemeinsamkeiten Sie finden können, desto eher kann sich der/die Neue mit Ihrer Firma und mit der neuen Aufgabe identifizieren!

3. Nennen Sie Ihrem Interessenten Links zu Ihrer Firma, dem Markt und Network-Marketing allgemein. Sie können Gift darauf nehmen: Wenn Sie das nicht machen, wird er selbst googeln und dann möglicherweise auf Inhalte stoßen, die für Ihre Zwecke kontraproduktiv sind. Das Internet ist im wahrsten Sinne des Wortes voller „Schrott", deswegen beugen Sie am besten gleich selbst vor und nennen die Quellen, mit denen sich Ihr neuer Partner beschäftigen soll. Interessante Links könnten sein:

Interessante Links zum Geschäftsmodell weitergeben – bevor der neue Partner selbst googelt ...

- Wikipedia-Artikel „Netzwerk-Marketing": http://de.wikipedia.org/wiki/Netzwerk-Marketing

- Unser Trailer „Die Chance": www.youtube.com/watch?v=Q_-3MoAIXnc

- die Online-Ausgaben der einschlägigen MLM-Zeitschriften

- Testergebnisse von Instituten/Ratingagenturen/TÜV!

- Interviews von Prominenten, Politikern, Schauspielern oder Sportlern zum jeweiligen Produkt/System.

Phase 3: Verbindung

Gut ist es, wenn Sie „unabhängige" Stellungnahmen angeben können, z. B. TÜV-Siegel, Zertifikate für Produkte und Systeme oder Ähnliches.

Das soziale Umfeld des neuen Partners mit einbeziehen

4 Beziehen Sie sofort das soziale Umfeld des neuen Geschäftspartners mit ein.

Beachten Sie bitte hierbei, dass das persönliche Umfeld eines Network-Neustarters einen enormen Einfluss auf ihn nehmen wird. Im Zweifelsfalle ist die Frau, der Papa oder ein neunmalkluger Bruder immer stärker als Sie.

Nutzen Sie deshalb wenn irgend möglich die Gelegenheit, die wichtigsten Einflussnehmer so bald als möglich kennenzulernen, um unterstützend zu erklären, was Ihr neuer Schützling vorhat.

Besser die Angehörigen einfach aufklären, als sie progressiv gewinnen zu wollen

In diesen Gesprächen ist es aus unserer Sicht gar nicht einmal so wichtig, diese Menschen sofort als Produktnutzer oder Geschäftspartner zu überzeugen. Hier geht es in erster Linie darum, sich deren „Segen" abzuholen und Aufklärungsarbeit zu leisten. Kurzum, Sie erklären, wer Sie sind, was Sie und Ihr neuer Partner vorhaben, und stellen sich als dessen Förderer, Ausbilder und/oder Mentor vor. Wenn ein Neustarter das Okay von zu Hause hat und die Unterstützung der Familie, dann werden erfahrungsgemäß in den meisten Fällen die nächsten Angehörigen über kurz oder lang sowieso die Produkte nutzen oder Partner werden.

Kurz, es hat sich bewährt, hier nicht gleich den schnellen Abschluss der nächsten Angehörigen

Baustein 9: Der Abschluss

anzustreben, sondern nachhaltiger zu denken. Das heißt, erstmal Seriösität zu vermitteln und Vertrauen aufzubauen.

Wenn Sie das als Führungskraft schaffen und wenn es Ihnen gelingt, die Familie mit ins Boot zu holen, dann haben Sie gewonnen. Dann bekommt Ihr neuer Schützling nämlich nicht mehr nur Motivation von Ihnen, sondern auch noch von zu Hause!

5   Weiterhin hat sich bewährt, gleich nach dem Abschluss oder spätestens auf dem Zweittermin nach den ersten Geschäftspartnern zu fragen. Man nennt das auch „die ersten Geschäftspartner rausquatschen": Hier geht es noch nicht darum, eine komplette Namensliste zu erstellen, sondern eher darum, aus der ersten Begeisterung eine „Spontanantwort" bezüglich der ersten Geschäftspartner zu erhalten.

Dem neuen Partner möglichst rasch die ersten neuen Interessenten „rausquatschen"

Das könnte sich ungefähr so anhören:

- *Mensch, sag mal, wen von deinen Freunden/Bekannten könntest du dir in deinem Netzwerk/Team als Geschäftspartner vorstellen?*

So könnten sich Ihre Fragen anhören

- *Wer von deinen Leuten ist denn kommunikativ am besten drauf, bei wem hast du das Gefühl, dass er echt für diesen Job geeignet wäre?*

- *Mit wem hättest du denn Bock, dass du die Sache zusammen machst?*

Phase 3: Verbindung

- *Wenn es nach dir ginge, wer von deinen Bekannten wäre denn dein Traumgeschäftspartner?*

- *Wer ist denn der Mensch in deinem Umfeld, vor dem du den meisten Respekt hast und bei dem du der Meinung bist, dass es da richtig vorwärts gehen würde, wenn der mit im Boot wäre?*

- *Wer ist denn der Unternehmer in deinem Umfeld, der für dich ein echtes Vorbild ist und mit dem du gerne zusammenarbeiten würdest?*

Sobald Sie auf diese Frage hin die ersten Vorschläge erhalten, sollten Sie diese Leute idealerweise auch sofort kontaktieren und terminieren.

Wenn von diesen Leuten jemand einsteigt, ist das mittelfristig in mehrfacher Hinsicht von Vorteil: Denn falls Ihr frisch gebackener Partner in der ersten Zeit nicht die erhofften Erfolge einfährt, hat er jetzt zumindest schon einmal eine kleine Downline von Geschäftspartnern und damit ein, wenn auch überschaubares, Geschäft unter sich. Diese kleine „Firma" bedeutet für ihn einen Lichtstreif am Horizont, selbst wenn anfangs der finanzielle Erfolg ausbleibt.

So verringern Sie mit dieser Maßnahme auch die Gefahr, dass Ihr neuer Partner innerhalb einiger Wochen oder Monate wieder abspringt.

e) Allgemeine Tipps zur Statuskommunikation

Überzeugend gelingt Ihnen der Geamtsponsorprozess nur, wenn Sie es fertigbringen, dabei Ihren (hohen!) Status bzw. den eines Bieters zu kommunizieren.

Achten Sie deswegen auf folgende Punkte:

1 Wer einen hohen Status hat, muss nicht viel reden, um die wichtigsten Dinge zu sagen. Sprechen Sie langsam und angemessen, bewegen Sie sich ebenso! Plappern Sie sich nicht um „Kopf und Kragen"! — **Sprechweise**

2 Vermitteln Sie durch konsequente Ich-Formulierung die Botschaft, dass es auf Ihre Meinung und Ihre Entscheidung ankommt, nicht auf die Ihres Gesprächspartners: — **Konsequente Ich-Formulierung**
- *Ich hätte am kommenden Dienstag Zeit.*
- *Ich muss mir mal Gedanken machen, ob wir gemeinsam etwas schaffen können.*
- *Ich werde noch Rücksprache mit meinem Chef halten.*

3 Lassen Sie sich nicht durch Kommentare oder Einwürfe Ihres Gesprächspartners aus dem Konzept oder von Ihrer Linie abbringen. Bewahren Sie Ruhe! — **Sich nicht aus dem Konzept bringen lassen**

4 Achten Sie auf Ihre Sitzhaltung! Ein Bieter beugt sich nicht zum Gesprächspartner vor, er sitzt zurückgelehnt. — **Sitzhaltung**

Phase 3: Verbindung

Immer mit dem Rücken zur Wand sitzen

5   Auch die Verteilung der Sitzplätze für das Gespräch spielt eine Rolle: Wer mit dem Rücken zur Wand sitzt, hat eine stärkere Position als jemand, der hinter sich offenen Raum hat (wer hinter sich eine Wand hat, braucht sich nicht umzublicken, was hinter ihm vorgeht).

Baustein 9: Der Abschluss

f) Auf einen „Kongruenztest" gefasst sein

Manchmal kann es vorkommen, dass Interessenten während des Sponsorgesprächs provozierende Zwischenbemerkungen oder sehr persönliche Argumente und Fragen anbringen. Oftmals handelt es sich in diesen Fällen um sogenannte Prüfungen oder auch Kongruenztests. Manche Interessenten machen so etwas bewusst, einige aber auch unbewusst.

Bei diesen Kongruenztests will der Interessent nur eines herausfinden. Nämlich wie Sie wirklich zu Ihrer Sache stehen und ob Sie sich aus der Bahn werfen lassen. Er will prüfen: Meinen Sie es wirklich ernst? Stehen Sie tatsächlich hinter dem, was Sie sagen? Behalten Sie Ihren Kurs, wenn Sie einmal herausgefordert werden? Sind Sie der/das, als was Sie sich ausgeben?

Mit einem Kongruenztest will Ihr Gesprächspartner herausfinden, ob Sie hinter dem stehen, was Sie sagen

Merke: Ein Kongruenztest ist als positives Zeichen zu werten, denn jeder Interessent hat ja durchaus das Recht, seinen zukünftigen Mentor auf Herz und Nieren zu prüfen.

Allerdings werten Networker solche Kongruenztests nicht selten als Angriff und geraten oft zu schnell in Panik. Sie fangen an, sich für Dinge zu rechtfertigen, wo es gar nichts zu rechtfertigen gibt – und genau das ist die verkehrte Reaktion!
Denn jetzt bekommt Ihr Interessent den Eindruck: Aha – alles nur aufgesetzt und eingelernt! Der Mann/die Frau ist nicht authentisch – Vorsicht!

Rechtfertigungsversuche sind bei Kongruenztests ein Eigentor!

Phase 3: Verbindung

Die richtige Reaktion: ruhig und souverän bleiben

Die richtige Reaktion ist, dass Sie im Falle eines solchen Kongruenztests ruhig und souverän bleiben. Am besten ist es, wenn Sie richtig cool sind!

Hier ein paar Beispiele, wie solche „Tests" ablaufen könnten:

Interessent: *Wie viel verdienst Du denn da?*
Sie: *Zum Leben langt's*☺*!*

Interessent: *Was hast du denn bis jetzt verdient?*
Sie: *Miete und Sprit sind bezahlt. Mach dir da mal keine Sorgen*☺*!*

Interessent: *Ich hab einmal ein Praktikum bei einer Bank gemacht. Bei deren Produkten kommt schon mehr Rendite raus als bei deiner Lebensversicherung!*
Sie: *Ich sehe, du weißt gut Bescheid. Das macht mich noch mehr an, dass wir da zusammenarbeiten. Ich glaub, ich kann von dir noch sehr viel lernen*☺*!*

Interessent: *Ist deine Uhr echt?*
Sie: *Schätz mal*☺*!*

Interessent: *Die Promis, die für euch Werbung machen, sind doch sowieso nur bezahlt?*
Sie: *Schätz mal*☺*!*

„Schätz mal!": der Klassiker!

Gerade die Antwort „Schätz mal!" ist ein fast universell anwendbarer Klassiker, um auf diese Kongruenztests zu reagieren, und funktioniert im Allgemeinen bestens!

Baustein 9: Der Abschluss

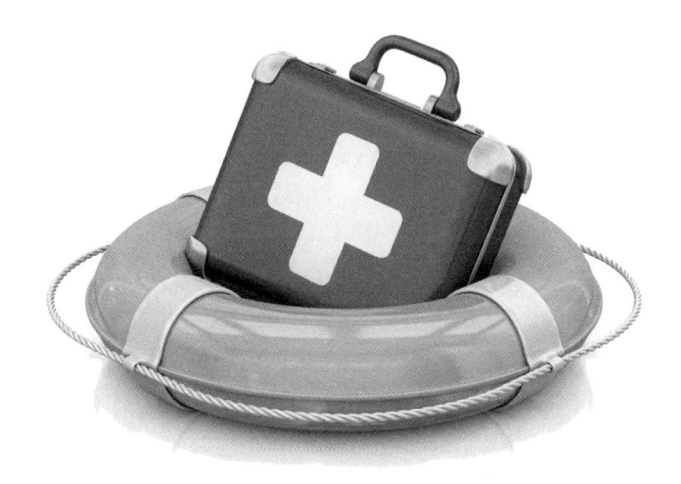

g) Ihr „Notfallkoffer" – Was tun, wenn argumentiert werden muss?

Wie schon beschrieben (Seite 196), wäre es der edelste Weg im Sponsorgespräch, gar nicht erst argumentieren zu müssen. Das wiederum gelingt nur, wenn man die geläufigsten Argumente vorab schon von sich aus ins Gespräch einbaut (Einwandvorwegnahme).

Der Idealfall: Ihr Sponsorgespräch ist so gut, dass gar keine Einwände kommen

Sollten trotzdem im Verlaufe des Gesprächs oder speziell in der Abschlussphase Einwände kommen, dann gilt hier eines: Ruhe bewahren und strategisch vorgehen! Wenden Sie bitte die nachfolgenden Strategien an, um mit diesen Einwänden umzugehen.

Bei Einwänden: Ruhe bewahren und strategisch vorgehen!

Als Erstes muss man dazu wissen: Nicht alle Argumente sind gleich!

Phase 3: Verbindung

Wir unterscheiden zwischen „wahren Argumenten" und „Scheinargumenten".

Ihre erste Aufgabe im Falle eines Einwands ist es, im Gespräch herauszufinden, mit welcher der beiden Varianten Sie es zu tun haben. Wenn Sie das wissen, können Sie auch die entsprechende „Medizin" verabreichen.

Wahre Argumente

Ein wahres Argument ist in der Regel eine Art Bedenken, das Ihren Gesprächspartner noch beschäftigt, oder auch ein realer, tatsächlicher Grund, der ihn/sie (noch) von einer Mitarbeit abhält. Z. B. ist die Geschäftsidee für ihn okay, allerdings ist ihm die Einstiegs-/Registrierungsgebühr zu hoch, da er/sie im Moment einen finanziellen Engpass hat.

Strategie bei wahren Argumenten: gemeinsam einen Kompromiss finden, der für beide Seiten passt

Ein Interessent, der „wahre Einwände" vorbringt, bittet indirekt um Hilfe und Lösungsvorschläge!

Ihre Strategie muss dann sein: gemeinsam einen Kompromiss finden, der für beide Seiten passt!

Scheinargumente

Ein Scheinargument wird oft vorgebracht, um dem Gespräch auszuweichen, es zu beenden, Zeit zu gewinnen oder die tatsächlichen, wahren Gründe nicht nennen zu müssen.

Scheinargumente stehen meistens nicht alleine und werden durch immer neue Einwände ersetzt, sobald man versucht, sie zu behandeln.

Sie müssen sich z. B. anhören: Die Produkte sind zu teuer, außerdem habe ich keine Zeit für einen Nebenjob, und außerdem habe ich nichts Gutes über die Branche gehört.

Baustein 9: Der Abschluss

Einem Gesprächspartner, der ständig weitere Scheinargumente vorbringt, ist in der Regel nicht zu helfen! Deswegen gibt es hier nur eines: Keine Zeit verlieren und schnell weiter zum nächsten Termin!

Ständige Scheinargumente bedeuten: Dieser Gesprächspartner ist für Sie nicht mehr interessant!

In der Praxis gibt es einen recht einfachen Weg, herauszufinden, mit welcher Art Argument oder Einwand Sie es gerade zu tun haben. Mit ein wenig Routine, etwas Gespür und der „Mal angenommen"-Technik können Sie sehr schnell erkennen, ob es sich lohnt, dranzubleiben, oder ob Sie sich gerade mit einem „Zeitdieb" unterhalten.

Hier ein kleiner Dialog für Sie, um die „Mal angenommen"-Technik in Kurzform zu erklären:

Unterscheidung von wahren Argumenten und Scheinargumenten mit der „Mal angenommen"-Technik

Interessent: *Na ja, das ist ja alles gut und schön! Aber bei mir sieht es finanziell gerade nicht so gut aus. Ich kann mir die hohen Einstiegskosten im Moment nicht leisten!*
Sie: *Das kann ich gut verstehen! Mal angenommen, ich könnte dir bei den Einstiegskosten mit einer günstigeren Variante entgegenkommen. Wäre es dann für dich machbar?*

Wenn an dieser Stelle ein Ja kommt oder die Frage, wie hoch die Kosten bei der günstigeren Variante sind, dann ist die Wahrscheinlichkeit groß, dass es sich um ein wahres Argument handelt.
Wenn Ihr Gesprächspartner allerdings an dieser Stelle weitere Argumente bringt, wie „Außerdem habe ich

Phase 3: Verbindung

sowieso keine Zeit", und quasi nahtlos von den Kosten zu weiteren Hinderungsgründen übergeht, sollte Ihnen klar sein, dass Sie es höchstwahrscheinlich mit Scheinargumenten und einem „Zeitdieb" zu tun haben.

Konkret läuft die Einwandbehandlung so ab:

Ihr Schema für den Ablauf der Einwandbehandlung

1 Argument immer gelassen aufnehmen, gut zuhören und vor allem den Gesprächspartner ausreden lassen (auf keinen Fall mit der „Ja, aber"-Technik kontern!)

2 Identifikation/Verständnis zeigen und den Gesprächspartner für seine Bedenken/Einwände wertschätzend loben

3 Argument konkretisieren! Nachfragen, warum es ihm wichtig ist, wie er darauf gekommen ist – und die Motive für seine Aussage herausfinden

4 Weitere/zusätzliche Argumente ausschließen

5 Mit der „Mal angenommen"-Technik herausfinden, ob es sich um ein wahres oder ein Scheinargument handelt

6 Neues Angebot unter Berücksichtigung seiner Einwände in der bestmöglichen Variante präsentieren

Wir haben nachfolgend für Sie drei gängige Argumente herausgenommen, mit denen man in der täglichen Praxis

Baustein 9: Der Abschluss

immer wieder konfrontiert wird, und behandeln jedes für sich exakt nach dem oben aufgeführten Leitfaden.

Bitte beachten Sie, dass die Vorgehensweise immer die gleiche ist.

Wichtig ist, dass Sie immer diesen Leitfaden vor Ihrem geistigen Auge haben und ihn abarbeiten.

Behandlung des Arguments „Ich habe zu wenig Zeit" nach dem Leitfaden

Sie: *Wäre denn eine geschäftliche Zusammenarbeit interessant für dich?*

Interessent: *Ja, schon, allerdings habe ich wenig Zeit, und ich glaube, dass mir das alles zu viel wird!*

Sie: *Da kann ich dich gut verstehen. Zeit ist unser kostbarstes Gut. Ich find total gut, dass du das Thema so offen ansprichst. Das zeigt mir, dass dir das Ganze sehr, sehr wichtig ist! – Aber wie sieht es denn zeitlich bei dir genau aus? Hast du beruflich viel zu tun, oder brauchst du eher Freiräume für dein Familienleben?*

Interessent: *Ja, ich arbeite schon recht viel und brauche eben auch noch ein bisschen Zeit für Hobby und Familie.*

Sie: *Das kann ich verstehen, das geht mir genauso. Ist denn das Zeitproblem das Einzige, was dich noch von*

Phase 3: Verbindung

einer positiven Entscheidung abhält, oder gibt es da noch andere Dinge?

Interessent: *Nein, das ist das Einzige, worüber ich mir noch Gedanken mache.*

Sie: *Mal angenommen, ich kann dir eine Möglichkeit zeigen, wie du mit zeitlichem Minimalaufwand recht gute wirtschaftliche Erfolge erzielen kannst und wie du dich perfekt organisierst und deine Zeit optimal managst. Wäre dann eine Zusammenarbeit für dich vorstellbar?*

Interessent: *Ja, wie soll denn das Ganze aussehen?*

Sie: *Also, pass auf! Ich habe folgende Idee: Wir beide setzen uns mal zusammen hin und fertigen eine Namensliste für dich an.*
Ich würde bei den interessantesten Leuten, die wir zusammen auswählen, auf deine Empfehlung hin anrufen, einen Termin machen und dort unsere Produkte und die Geschäftsidee vorstellen. Wenn ich jemanden überzeuge, und das ist bei unseren einzigartigen Produkten und meiner Begeisterung bei jedem Zweiten bis Dritten der Fall, läuft das Geschäft natürlich über deine ID-Nummer. Wenn du dann siehst, dass das Ganze funktioniert, bringe ich dir noch ein tolles Zeitmanagement bei, und alles ist geritzt!
Wann wollen wir gemeinsam loslegen? Heute Abend noch, oder wollen wir uns am Wochenende noch mal treffen?

Baustein 9: Der Abschluss

Interessent: *Eigentlich heute Abend! Aber die Zeit wird etwas knapp.*
Lass uns für nächstes Wochenende einen Termin ausmachen.

Behandlung des Arguments „Produkte sind zu teuer" nach dem Leitfaden

Sie: *Ist es denn interessant für dich, passives Einkommen aufzubauen?"*

Interessent: *„Grundsätzlich schon, allerdings muss ich sagen, dass die Produkte viel zu teuer sind. Die bekomme ich im Einzelhandel echt günstiger!*

Sie: *Gut, dass du das gleich offen ansprichst. Finde ich echt super.*
Das zeigt mir: Du bist ein Mensch, der sich gut auskennt und dem der Preis extrem wichtig ist!
Geht es dir jetzt um deine eigenen Kosten oder um die unserer zukünftigen Kunden?
Was hast du denn für Vorstellungen von einem angemessenen Preis, was denkst du, was so ein Produkt kosten sollte?

Interessent: *Mir geht es genauso um mich wie um die zukünftigen Kunden. Wahrscheinlich denken die auch so!*

Sie: *Absolut nachvollziehbar, ich weiß genau, was du meinst.*

Phase 3: Verbindung

Sag mal, sind die Preise das Einzige, was dich noch von einer Zusammenarbeit abhält, oder gibt es noch andere Dinge, über die du nachdenkst?

Interessent: *Nein, das mit den Preisen ist eigentlich alles. Aber es ist ja ziemlich wichtig!*

Sie: *Mal angenommen, ich könnte dir das Preis-Leistungs-Verhältnis unserer Produkte zu 100 Prozent nachvollziehbar erklären und gleichzeitig zeigen, dass es nicht der Preis ist, auf den es ankommt, sondern die Qualität und der Nutzen für den Verbraucher. Wäre dir damit weitergeholfen?*

Interessent: *Ja, wenn du es plausibel erklären kannst!*

Sie: *Also, das Wichtigste an unseren Produkten sind die hochwertigen Inhaltsstoffe. Die werden mit einem weltweit einzigartigen und patentierten Verfahren gewonnen und sind sofort verfügbar.*
Das führt dazu, dass die Verbraucher beim Verzehr einen spürbaren Soforteffekt erleben und sich Leistungsvermögen und Konzentrationsfähigkeit schlagartig erhöhen. Und das für lediglich drei Euro am Tag (Monatskosten „kleinrechnen").
Was sagst du nun? So viel Nutzen für so kleines Geld. Da hat man schon fast ein schlechtes Gewissen, dass man noch nicht eher eingestiegen ist! Oder?

Interessent: *Ja, irgendwie hast du recht!*

Baustein 9: Der Abschluss

Behandlung des Arguments „Ich muss noch überlegen" nach dem Leitfaden

Interessent: *Ich weiß noch nicht genau. Ich glaube, ich muss mir das Ganze noch mal überlegen.*

Sie: *Das finde ich klasse, da kann ich dich absolut verstehen. Bei einer so wichtigen Entscheidung würde ich wahrscheinlich auch noch überlegen wollen. Allerdings würde ich gerne mal eines wissen. Wenn du noch überlegen möchtest, dann gibt es doch da sicherlich noch einen oder mehrere Punkte, die dich von einer sofortigen Entscheidung abhalten. Mensch, wo drückt denn der Schuh?*

Interessent: *Ja, irgendwie bin ich mir nicht sicher. Ich weiß nicht, ob ich das alles schaffe, und ich weiß auch nicht, was meine Frau/mein Mann dazu sagt!*

Sie: *Okay, find ich gut, dass du so ehrlich bist und das Thema gleich offen ansprichst. Die Meinung des Partners ist bei den meisten ausschlaggebend für die Entscheidung. Gibt es außer diesen zwei Punkten noch was, was dich im Moment noch abhält?*

Interessent: *Nein, eigentlich nicht. Das wären die einzigen Dinge.*

Sie: *Mal angenommen, ich könnte dir einen Weg zeigen, der dir schnell hilft, Klarheit zu finden und auch eine Entscheidung zu treffen. Einen Weg, der den meisten bei*

Phase 3: Verbindung

ihrer Entscheidungsfindung geholfen hat. Übrigens vollkommen unabhängig davon, wie die Entscheidung ausfällt. Würde er dich interessieren?

Interessent: *Ja, warum nicht. Jetzt bin ich mal gespannt!*

Sie: *Also pass auf, bei vielen Interessenten habe ich mir die Zeit genommen und habe vor Ort bei der Familie mal direkt darüber gesprochen, was wir so vorhaben. Deswegen wäre es toll, wenn ich deine Frau/deinen Mann mal persönlich kennenlerne. Was hältst du davon, wenn wir uns morgen oder übermorgen mal auf einen Kaffee treffen und gemeinsam beratschlagen? Bei euch zu Hause oder gerne auch woanders. Dann können wir noch ein bisschen über unser Vorhaben philosophieren. Was hältst du davon? Ist morgen besser, oder übermorgen?*

Interessent: *Ja, ich weiß nicht. Da müsste ich erst mit meinem/r Partner/in sprechen.*

Sie: *Perfekt, dann nimm doch mein Handy und ruf kurz durch. Mach einfach was aus. Ich freu mich schon, deine bessere Hälfte mal kennenzulernen*☺.

Interessent: *Okay.*

h) „Hoffnungslose Fälle"

Es gibt aus unserer Sicht zwei Argumente, bei denen es nicht lohnt, das Gespräch fortzusetzen oder zu argumentieren. Diese Argumente sind:

1 Ich will nicht mit meinen Bekannten / Freunden / Familie darüber reden / verkaufen / empfehlen

Sollte dieses Argument kommen, dann denken Sie bitte sofort mal an den Hund, den Sie zum „Jagen tragen" müssen. Würden Sie einen Jagdhund kaufen, der sich beim Anblick eines Hasen „in die Hosen macht"?

Sicher gibt es mittlerweile auch ein paar wenige MLM-Systeme, in denen es nicht erforderlich ist, mit dem „warmen Umfeld" zu reden. Allerdings sollte MLM grundsätzlich aus der Begeisterung für Produkte und das System begonnen werden. Wenn diese Begeisterung nicht da ist, wird es schwierig! Alles, was dann nämlich kommt, ist irgendwie konstruiert und an den Haaren herbeigezogen.

2 Ich habe kein Geld für den Einstieg / das Starterset

Überlegen Sie mal, wohin das führt, wenn jemand bei einer entsprechenden Chance nicht in der Lage ist, ein paar Euro für das Starterset zu besorgen.

Ja, Sie haben richtig gehört. Wenn jemand kein Geld hat, dann ist das nicht schlimm, aber wenn er nicht ein paar Euro besorgen kann, dann wird es schwierig.

Phase 3: Verbindung

Jeder hat in der Regel einen besten Freund/eine beste Freundin oder jemanden in der Familie, wo er sich das Geld kurz leihen kann. Wenn das nicht der Fall ist, dann sollten Sie wissen, dass dieser Kandidat nicht der Richtige für Sie ist, denn welche Leute wird er wohl kennen?

Richtig, Leute, die auch kein Geld haben. Menschlich mag sicherlich trotzdem alles okay und völlig wertfrei zu sehen sein, wo das allerdings geschäftlich hinführt, können Sie sich selbst an fünf Fingern abzählen.

Das mag jetzt für einige Leser sehr hart klingen, aber glauben Sie uns. Aus betriebswirtschaftlicher und unternehmerischer Sicht macht es keinen Sinn, das Gespräch hier weiterzuführen.

Sicher gibt es auf hundert Fälle einmal eine Ausnahme. Aber im Allgemeinen gilt: Sollten Sie diese Leute trotz deren finanzieller Probleme mit viel Argumentationskraft, rethorischem Überzeugungsgeschick oder irgendwelchen Ausnahmeregelungen einschreiben, dann tun Sie sich damit selbst nichts Gutes. Sie rekrutieren sich damit nur Probleme ans Bein, und in dem Moment, in dem Sie solche Menschen in Ihr Business einschreiben, kränkelt Ihre Firma das erste Mal. Sie merken es vielleicht noch nicht einmal.

Sie werden für jeden, der nicht mit seinen Bekannten sprechen möchte, Sonderstrategien entwickeln, die Sie Zeit, Nerven und vor allem Geld kosten. Genauso bei jemandem, der selbst kein Geld für den Einstieg hat.

Baustein 9: Der Abschluss

Spinnen Sie den Faden ruhig einmal weiter. Wird er dann Geld haben, um zu telefonieren, wird er Geld haben, um mit dem Auto zum Meeting zu fahren, wird er Geld haben, sich die weitere Ausbildung zu leisten? – Wahrscheinlich eher nicht.

Deswegen unser Tipp: Arbeiten Sie nicht mit Leuten aus den o. g. Kategorien zusammen. Bleiben Sie höflich, hinterlassen Sie einen positiven Eindruck, aber versuchen Sie nicht, solche Menschen zu bekehren.

Machen Sie sich auf die Suche nach neuen Kandidaten, es gibt genügend Quellen und Wege, über die man neue Interessenten gewinnen kann!

Phase 3: Verbindung

DAS WICHTIGSTE IN KÜRZE

Wenn die Phase des Vertrauensaufbaues beendet ist und wir damit beginnen können, jetzt nach der menschlichen Verbindung zu unserem Kandidaten auch die geschäftliche herzustellen, sind noch neun Schritte zu bewältigen:

1. Was treibt dich im Leben?
2. Identifikation des Berufs
3. Wie erklärt man Network-Marketing/Strukturvertrieb?
4. Verknüpfung der Werte und Ziele des Bewerbers mit Ihrem System
5. Das Produkt/der Markt
6. Das Einkommen
7. Den Interessenten „zappeln lassen": Bekomme ich den Job?
8. Sich das Ja des Interessenten abholen
9. Entscheidungssicherung

Nachdem Sie die emotionale Anpassung an den Gesprächspartner (Schritt 1 und 2) und die Geschäftspräsentation (Schritte 3 bis 6) erfolgreich hinter sich gebracht haben, kann es in der Abschlussphase einen kleinen Engpass geben, der dadurch entsteht, dass der Kandidat Zeit oder Geld, meistens beides, investieren muss. Sie können diesen Engpass entschärfen, indem Sie das Begehren Ihres Gegenübers weiter anheizen – am besten dadurch, dass Sie ihn ein wenig

Baustein 9: Der Abschluss

in dem Glauben lassen, er könnte den Job nicht bekommen (Schritt 7).

Optimal funktioniert das, wenn Sie „Guter Bulle, böser Bulle" spielen: Machen Sie die Frage, ob und zu welchen Bedingungen Ihr Interessent eingeschrieben wird, von einer imaginären oder tatsächlich anwesenden Führungspersönlichkeit abhängig – oder von einer, die Sie telefonisch kontaktieren (je nach Ihren Möglichkeiten).

Nach Abschluss dieser Gesprächsphase holen Sie sich das konkrete Ja und den Handschlag Ihres Kandidaten ab, indem Sie auf ihn zugehen und klar sagen: Ich möchte mit dir zusammenarbeiten (Schritt 8). Wenn er jetzt Ja sagt, haben Sie Ihr Ziel erreicht.

Durch sofortiges Vereinbaren weiterer Termine, die Einbeziehung des sozialen Umfelds Ihres Kandidaten und dadurch, dass Sie ihn mit System, Firma und Teamkollegen vertraut machen, sichern Sie das Ja Ihres neuen Teammitglieds ab (Schritt 9).

SUPER SPONSOR SYSTEM

Phase 3: Verbindung

DIE SEITE FÜR SIE: LASSEN SIE DEN INTERESSENTEN ZAPPELN

Notieren Sie sich hier über das oben (Seite 269) Gesagte hinaus geeignete („Vorstellungsgesprächs"-) Fragen, die Sie – bzw. noch besser, der „böse Bulle" – im Gespräch stellen könnten, um den Kandidaten auf Herz und Nieren zu prüfen.

Berücksichtigen Sie dabei insbesondere folgende Themenfelder:
1 Ausbildung
2 bisherige berufliche Karriere
3 persönliche Stärken und Schwächen
4 Teamfähigkeit
5 Leumund / Finanzgebaren.

- _____
  _____

- _____
  _____

Baustein 9: Der Abschluss

- _____
  _____

- _____
  _____

- _____
  _____

- _____
  _____

- _____
  _____

HÄUFIG GESTELLTE FRAGEN UNSERER SEMINARTEILNEHMER

SUPER SPONSOR SYSTEM — Fragen unserer Seminarteilnehmer

Allgemeine Fragen

Was passiert, wenn man einen der besprochenen Bausteine des Super-Sponsor-Systems auslässt?

Dann ist das Scheitern mit hoher Wahrscheinlichkeit programmiert. Jeder Baustein des Super-Sponsor-Systems trägt seinen Teil dazu bei, dass am Ende eines Sponsorgesprächs auch das gewünschte Resultat, nämlich der Abschluss, erzielt werden kann.

Es ist wie beim Bau eines Wohnhauses: Dort geht es auch erst mit der Planung los, dann folgen Fundament, Rohbau, Dach, Innenausbau und last but not least die Kleinstarbeiten und die Fertigstellung. Kein Bauherr würde auf die Idee kommen, schon das Dach zu bauen, bevor der Rohbau steht, und niemand errichtet die Außenmauern, ohne vorher ein festes Fundament gesetzt zu haben. Sollte das jemand doch so machen, dann wäre der Einsturz des Hauses schon vorprogrammiert.

Es schwer machbar, jemanden einzuschreiben, bevor nicht die nötige Portion Vertrauen aufgebaut ist

Ebenso ist es auch im Supersponsorgespräch kaum machbar, jemanden einzuschreiben, bevor nicht die nötige Portion Vertrauen aufgebaut ist.

Wie viele Sponsortermine sollte man pro Woche vereinbaren?

Die Frage ist immer, wie schnell sich der Erfolg einstellen soll! Unsere Benchmark: Nebenberufler sieben Termine pro Woche, Hauptberufler zwanzig!

Fragen unserer Seminarteilnehmer

Sollte man das Sponsorgespräch im Büro, zu Hause oder im Café führen?

Dafür gibt es keine Standardantwort.

Grundsätzlich kommt es darauf an, welche Möglichkeiten man selbst hat. Wenn offizielle Firmenräumlichkeiten zur Verfügung stehen, macht sich das natürlich sehr gut und ist aus unserer Sicht am besten.
In einem Büro oder einer Firmenrepräsentanz kann man den geschäftlichen Charakter eines Sponsorgesprächs mit Sicherheit am besten unterstreichen. Alles ist irgendwie verbindlicher, und es besteht auch nicht so viel Erklärungsbedarf.
In einem Büro hat der Sponsernde immer ein wenig die „Oberhand" im Gespräch, auch deswegen ist es die Location der Wahl.

Der günstigste Fall: Für das Sponsorgespräch stehen offizielle Firmenräumlichkeiten zur Verfügung

Ein Café oder eine Hotellobby ist ein Terrain, welches für beide Seiten neutral ist. Hier wird die geschäftliche Atmosphäre gewahrt, und man kann trotzdem sehr gut persönliche Dinge austauschen.

Ebenfalls empfehlenswert: ein Café oder eine Hotellobby

Die Variante, den Interessenten zu Hause zu besuchen, wird auch von einigen Networkern praktiziert, weil man hier gleich die Möglichkeit hat, dessen persönliches Umfeld kennenzulernen. Wir haben allerdings die Erfahrung gemacht, dass es schwierig ist, in dieser Umgebung den „Bieterstatus" auszuleben, und raten deswegen davon ab.

Besser nicht zum Interessenten nach Hause kommen

SUPER SPONSOR SYSTEM

Fragen unserer Seminarteilnehmer

Sponsorgespräch im eigenen Heim: nur dann, wenn dieses repräsentativ ist!

Die vierte Variante, den Interessenten zu sich nach Hause einzuladen, empfehlen wir nur, wenn Sie ein wirklich repräsentatives Heim besitzen, das beim Interessenten Lust auf Ihre Lebensweise weckt.

Wie soll ich mich als junger Networker verhalten, wenn ich ältere Personen auf meine Geschäftsgelegenheit anspreche? Ich sehe die Gefahr, dass ich nicht für voll genommen werde.

Die Gefahr besteht in der Tat – allerdings besteht auch die Gefahr, dass man bei Grün über die Straße geht und trotzdem überfahren wird. Es besteht auch die Gefahr, dass man als Frau von Männern, als Rentner von jüngeren Leuten, als Angestellter von Selbstständigen und als Sachse von Bayern nicht ernst genommen wird. Jeder hat in diesem Bereich sein persönliches Päckchen zu tragen.

MLM funktioniert nach dem Leistungsprinzip, und unsere Erfahrung ist die: Wer etwas leistet, erwirbt sich dadurch auch den Respekt aller anderen. Egal ob jung oder alt. Egal ob Mann oder Frau.

„Wer glaubt, hat recht"

Ein entscheidender Satz in diesem Zusammenhang lautet: „Wer glaubt, hat recht."
Wenn Sie also glauben, Sie wären zu jung, um einem reiferen Menschen etwas über Erfolg zu erklären, dann haben Sie verloren. Und wenn Sie glauben, dass genau

SUPER SPONSOR SYSTEM
Fragen unserer Seminarteilnehmer

Sie als jugendlicher Menschen der Richtige sind, um die „frohe Botschaft" zu verkünden, dann haben Sie gewonnen.

Die Praxis beweist das sehr eindrucksvoll, denn wir kennen sehr erfolgreiche junge Networker, in deren Downlines viele Best Ager arbeiten. Diese Kollegen/innen haben sich die Frage allerdings nie gestellt, ob sie von älteren Leuten ernst genommen werden. Sie sind einfach davon ausgegangen!

Wir kennen erfolgreiche junge Networker, in deren Downlines viele Best Ager arbeiten

Sollten Sie dennoch Bedenken haben, dass Sie zu jung sind, um reifere Menschen zu sponsern, dann gibt es zwei Wege. Entweder Sie sponsern nur junge Leute, oder aber Sie nehmen die Herausforderung an und wachsen an Ihren Aufgaben.

Nehmen Sie im zweiten Falle folgenden Satz in Ihr persönliches Mindsetting: „Ich bin jung und erfolgreich!" Und dann geben Sie noch mehr Gas!

Ist es sinnvoll, bei einem Sponsorgespräch auch den Partner seines Kandidaten hinzuzuziehen?

Aus unserer Sicht ist es besser, den Kandidaten in einem persönlichen Vier-Augen-Gespräch zu sponsern.

Prinzipiell nach Möglichkeit nur Vier-Augen-Gespräche führen!

Der Grund ist der, dass man viel bessere Möglichkeiten hat, auf einen einzelnen Menschen Einfluss zu nehmen als auf zwei. Bei zwei Menschen im Gespräch müssen Sie quasi Ihre Kräfte aufteilen, und die Konzentration auf ein bestimmtes Ziel ist schwieriger.

SUPER SPONSOR SYSTEM

Fragen unserer Seminarteilnehmer

Wenn Sie einen Menschen gesponsert haben, der extrem von der Meinung seines/r Partners/in abhängig ist, sollten Sie natürlich jetzt sofort mit den Maßnahmen zur Entscheidungssicherung beginnen und den Lebenspartner unbedingt zeitnah kennenlernen.

Wenn jemand die Entscheidung vom Partner abhängig macht: gleich gemeinsam bei diesem anrufen!

Sollte Ihnen jemand im Gespräch sagen, dass er die Entscheidung mit seinem Partner besprechen muss, dann nehmen Sie möglichst gleich gemeinsam telefonischen Kontakt zum Lebenspartner auf und vereinbaren einen Termin zur gemeinsamen Entscheidungsfindung.

Wie lange sollte ein Sponsorgespräch idealerweise dauern?

Im Grundsatz gilt: je länger, desto ungünstiger!

Je länger der geschäftliche Teil des Gesprächs dauert, desto ungünstiger

Wobei man allerdings noch etwas differenzieren muss: Wenn man etwas länger bei persönlichen Themen bleibt, ist das ein gutes Zeichen. Kontraproduktiv ist es dagegen, wenn der rein geschäftliche Teil des Gesprächs zu lange dauert. Man neigt dann nämlich dazu, die wesentlichen Dinge zu „zerreden".

Merken Sie sich bitte: Ein wesentlicher Antrieb des Menschen ist Neugierde, und die Chancen, ihn zu gewinnen, sind umso besser, solange er noch neugierig ist. Je länger Sie Ihr Geschäftsmodell erklären, desto mehr wird diese Neugier schon befriedigt.

SUPER SPONSOR SYSTEM — Fragen unserer Seminarteilnehmer

Die Erfahrung zeigt: Bei langen Gesprächen ist die Absprungrate am Ende größer. Ein wichtiger Faktor ist in diesem Zusammenhang auch der „Bieterstatus", den der Networker verkörpern sollte: Denken Sie einmal an erfolgreiche Geschäftsleute. Die haben einfach auch nicht so lange Zeit und müssen sich in geschäftlichen Besprechungen auf das Wesentliche beschränken, weil Zeit im wahrsten Sinne des Wortes auch Geld ist.

SUPER SPONSOR SYSTEM

Fragen unserer Seminarteilnehmer

Fragen zu Baustein 1: Menschenkenntnis

Ich will nur mit Leuten zusammenarbeiten, die sich wirklich für mein Geschäft interessieren, erst dann möchte ich eine persönliche Beziehung zu ihnen aufbauen!

Aus unserer Sicht ist das relativ schwierig. Da Network-Marketing ein Geschäft ist, welches wie kaum ein anderes auf guten zwischenmenschlichen Beziehungen beruht, ist die persönliche Beziehung zu den künftigen Geschäftspartnern das A und O.

„Erst stimmt die Chemie, und dann stimmen auch irgendwann die Zahlen"

Unser Motto lautet in diesem Bereich: „Erst stimmt die Chemie, und dann stimmen auch irgendwann die Zahlen"! Sicher sollte man ein gewisses Grundinteresse von jedem zukünftigen Geschäftspartner erwarten können, jedoch haben wir bis auf ein paar wenige Ausnahmen kaum einen Menschen kennengelernt, der von sich aus brennend an der Tätigkeit im Vertrieb interessiert war; die Zahl der Selbststeller ist sehr gering.

Die meisten Menschen, die im MLM tätig sind, werden aufgrund guter zwischenmenschlicher Beziehungen für dieses Geschäftsmodell gewonnen. Es ist in den meisten Fällen nicht das Geschäft, die Firma oder der Karriereplan, was einen Menschen für eine Zusammenarbeit „gewinnt", sondern ein anderer Mensch, der diese Infos mit viel Persönlichkeit und vor allem mit Emotionen transportiert.

SUPER SPONSOR SYSTEM — Fragen unserer Seminarteilnehmer

Deswegen legen Sie doch bitte für sich vorab eine Benchmark fest, wie viel Sie bereit sind, persönlich und menschlich in einen neuen Partner zu investieren. Wenn diese Benchmark erreicht ist und Sie nichts oder aus Ihrer Sicht zu wenig „zurückbekommen" haben, dann sollten Sie zumindest Ihre Erwartungshaltung gegenüber diesem Menschen reduzieren und sich auf die Anwerbung neuer Partnerinnen und Partner konzentrieren.

Grundsätzlich kann man abschließend zu dieser Frage sagen: Je weniger Sie bereit sind in die persönliche Beziehung zu anderen Menschen zu investieren, desto größer ist die Zahl der Menschen, die Sie sponsern müssen, um Ihre Ziele im Network zu erreichen.

> **Je weniger Sie in die persönliche Beziehung zu anderen Menschen investieren, desto mehr Menschen müssen Sie sponsern, um Ihre Ziele zu erreichen**

Kann man MLM auch betreiben, ohne sich so intensiv mit dem Faktor Mensch zu beschäftigen!

Klares Nein. Es mag sicherlich immer mal wieder Systeme geben, in denen behauptet wird, die Geschäftspartnergewinnung funktioniert automatisiert oder die neuen Partner „melden" sich von selbst. Allerdings fehlt uns persönlich dafür der Glaube!
Selbst in MLM-Systemen, die mit Onlineprodukten oder mit Internetdienstleistungen arbeiten und in denen onlinebasiert rekrutiert und gesponsert wird, kommt man über kurz oder lang an der zwischenmenschlichen Kommunikation nicht vorbei. Spätestens wenn es um die professionelle Einarbeitung und die Führung von

SUPER SPONSOR SYSTEM — Fragen unserer Seminarteilnehmer

Geschäftspartnern geht, ist es wichtig zu wissen, wie Menschen funktionieren.

Man muss Menschenexperte werden, um im MLM ganz nach oben zu kommen

Wir sind der Meinung, dass es zwingend notwendig ist, sich zum Menschenexperten zu entwickeln, um im MLM bis ganz nach oben zu kommen.

Ich komme aus einem technischen Beruf! Kommunikation ist nicht so mein Ding!

Da gibt es nur eine Antwort: Network-Marketing ist ein Business, welches von Kommunikation lebt. Also entweder lernen oder was anderes machen!

Woran merke ich, dass ich ein Menschenexperte bin?

Wenn Sie ein großes Team aufgebaut haben.

Die Menschen öffnen sich mir gegenüber im Gespräch nicht, ich finde die Motive nicht heraus! Was soll ich tun?

Das müsste man im Einzelfall konkret prüfen. So etwas kann verschiedene Ursachen haben. Vielleicht reden Sie zu viel von sich und interessieren sich nicht wirklich für Ihre Interessenten, vielleicht fragen Sie aber auch zu intensiv oder zu ungeschickt. Möglicherweise sind Sie

SUPER SPONSOR SYSTEM — Fragen unserer Seminarteilnehmer

aber auch nicht der Repräsentant Ihres Geschäftes und deshalb nicht vertrauenswürdig?

Hierbei gilt es noch anzumerken, dass die Leute in den seltensten Fällen ganz konkret sagen werden: „Das und das sind meine größten Motive!" Diese gilt es eher durch gutes Hinhören und ein ausgeprägtes Gespür für kleinste Andeutungen, die uns unsere Mitmenschen machen, zu identifizieren.

Die Motive unserer Mitmenschen gilt es durch gutes Hinhören und Gespür für kleinste Andeutungen zu identifizieren

Fragen unserer Seminarteilnehmer

Fragen zu Baustein 2: Profiling

Warum sollte ich intensives Profiling betreiben, wenn ich die „inneren Werte" meines potenziellen Teampartners ohnehin erst beim Gespräch erkenne?

Richtig ist, dass man ein umfassendes Bild von der Wesensart und Wertestruktur seines Kandidaten erst beim Gespräch bekommt.

Wer aber Erfahrung hat, kann beim Profiling durchaus einiges über den Charakter seines Kandidaten herausfinden. Gerade Profile in sozialen Netzwerken sind in diesem Zusammenhang eine ergiebige Quelle. Aus ihnen lassen sich oft die innersten Bedürfnisse eines Menschen sehr gut einschätzen.

Einfaches Beispiel: Wenn jemand dort fast nur Familienfotos postet, kann das ein Hinweis sein, dass er/sie ein Familienmensch ist.

Allerdings kann man eine solche Aussage nicht aufgrund der Bilder allein treffen, man muss das Gesamtbild seiner Äußerungen auf allen Plattformen betrachten.

Profile in sozialen Netzwerken sind eine ergiebige Quelle, wenn es um die Wertestruktur des Kandidaten geht

Wenn ich so ein intensives Profiling vornehme, dafür brauche ich viel Zeit! Lohnt sich das?

Dazu fallen uns zwei Dinge ein.
Erstens haben wir selbst die Erfahrung gemacht, dass wir in Hunderten von Gesprächen „an den Leuten vorbeigeredet haben" und sie nicht gewinnen konnten, weil

SUPER SPONSOR SYSTEM
Fragen unserer Seminarteilnehmer

wir vorab zu wenig über sie wussten. Durch ein intensives Profiling aller unserer Geschäftspartner, auch heute noch, haben wir persönlich unsere gesamte Kommunikation massiv verbessert. Egal ob es um den Verkauf von Produkten geht oder auch um die Gewinnung von Partnern, wir sind viel effektiver und effizienter. Und unsere Erfolgsquoten sind enorm nach oben gegangen.

Wir lieben das Profiling, weil wir nun nicht mehr unvorbereitet in irgendwelche Gespräche gehen. Wir investieren lieber ein wenig Zeit vorab, um einen neuen Geschäftspartner „abzuchecken", als dass wir am Ende viel Zeit verlieren, weil wir während der Kommunikation ständig „den Kurs korrigieren" müssen.

Lieber etwas mehr Zeit vorab ins Profiling investieren als nachher durch schwierige Kommunikation Zeit verlieren

Zweitens ist dieses Profiling eine Frage der Routine. Bei uns persönlich läuft das „Durchleuchten" neuer Partner schon automatisiert ab.

Bitte versuchen Sie keinen Kleinkunstpreis zu gewinnen und investieren Sie nicht mehrere Stunden Zeit in die Rechereche nach einer einzelnen Person. Das ist nicht Sinn und Zweck der Sache. Mit ein wenig Übung haben Sie sich innerhalb von fünf bis zehn Minuten ein Bild über die Person gemacht und auch entsprechende Notizen bewerkstelligt.

Mit der entsprechenden Routine dauert Profiling meist nicht mehr als zehn Minuten

Mehr Zeit sollte das Profiling nicht kosten.

Wenn man seinen Kandidaten bei der Internetrecherche gegoogelt und nach allen Regeln der Kunst „durchleuchtet" hat und er merkt das im Gespräch, mache ich ihn dadurch nicht extrem misstrauisch?

Fragen unserer Seminarteilnehmer

Die Kunst ist, viel über den Kandidaten zu wissen, es ihn im Sponsorgespräch aber nicht merken zu lassen

Die Kunst ist die, viel über den Kandidaten zu wissen, es ihn im Sponsorgespräch allerdings nicht merken zu lassen. Im Idealfall wird ihm gar nicht bewusst, wie viel Sie schon über ihn herausgefunden haben.

Ihre Recherche dient ja nicht dazu, den Kandidaten sofort damit zu konfrontieren, was Sie alles über ihn wissen, sie ist eher eine Hilfe, das Gespräch dorthin zu steuern, wo es interessant werden könnte. Lassen Sie ihn ruhig etliches von dem noch einmal erzählen, was Sie schon wissen, und fragen Sie von dort aus weiter in die Tiefe.

Wie sollten Profile in sozialen Netzwerken aussehen?

Die Frage lässt sich nicht allgemeingültig beantworten. Es kommt immer darauf an, inwieweit man das Profil auch für die Gewinnung neuer Partner einsetzen will und welche Ziele man noch damit verfolgt.

Weiterhin ist zu berücksichtigen, welchen Charakter das jeweilige Netzwerk hat. Beachten Sie bitte, dass es Businessnetzwerke gibt und Netzwerke, in denen der private Austausch im Vordergrund steht.
Wir kennen Networker, die sich ihre Profile von Marketingagenturen einrichten und designen ließen und trotzdem keine Partner damit gewinnen können. Andere wiederum haben einen recht spartanischen Ansatz und besitzen inhaltlich nur sehr „schmal" ausgestattete Profile, arbeiten aber mit einer proaktiven Strategie, kontaktieren mit Sys-

SUPER SPONSOR SYSTEM — Fragen unserer Seminarteilnehmer

tem ihre favorisierte Zielgruppe und gewinnen auf diese Weise unzählige Interessenten für ihre Präsentationen oder ihre persönlichen Sponsorgespräche.

Grundsätzlich gilt es eines zu beachten: Ob ein Profil inhaltlich schön ist, ist gar nicht so entscheidend dafür, ob Sie neue Partner gewinnen. Viel wichtiger sind die Performance beim Aufbau des persönlichen Kontakt- und Freundesbaums, die Fähigkeit zu kommunizieren und die Fähigkeit, aus dem „virtuellen Kontakt" einen realen Kontakt werden zu lassen.

Ihr Profil ist nicht so entscheidend wie Ihr „Händchen" beim Aufbau Ihres Kontaktnetzwerks

Sicherlich sollten Sie darauf achten, dass Ihr Profil repräsentativ und aktuell ist. Sie sollten allerdings nicht erwarten, dass Sie ausschließlich wegen Ihrer tollen Profilinhalte gefunden werden.

Der Glaube, dass man als Networker in einem sozialen Netzwerk ähnlich wie in einem Branchenbuch von denen gefunden wird, die sich für Produkte und Geschäftsidee interessieren, ist ein Irrglaube. Sollten Sie sich darauf verlassen, werden Sie vermutlich lange warten, bis sich jemand für Sie und Ihre Dienstleistungen interessiert.

Kann eine große Zahl „Freunde" in Kontaktnetzwerken nicht auch abschreckend wirken, weil das Oberflächlichkeit suggeriert?

Aus unserer Sicht nicht! Ein großer Kontakt- und Freundesbaum suggeriert eher einen hohen Status.

SUPER SPONSOR SYSTEM

Fragen unserer Seminarteilnehmer

Menschen mit großen Netzwerken wirken auf andere beneidenswert

Menschen mit großen Netzwerken wirken auf andere beneidenswert.

Wir sprechen hier aus eigener Erfahrung, denn uns persönlich hat noch niemand wegen unserer mehreren Tausend Kontakte Oberflächlichkeit unterstellt.

SUPER SPONSOR SYSTEM — Fragen unserer Seminarteilnehmer

Fragen zu Baustein 3: Mentale und organisatorische Vorbereitung

Wie kann ich abchecken, ob ich optimal auf ein Gespräch vorbereitet bin?

Unsere Empfehlung wäre, sich eine persönliche Checkliste mit den zehn wichtigsten Punkten zur mentalen und organisatorischen Vorbereitung anzulegen und diese vor jedem Sponsorgespräch kurz durchzugehen.

Wie oft sollte man die Selbstaffirmation durchführen!

Da gibt es keine Vorschriften. Am besten immer wieder und so lange, bis man wirklich selbst daran glaubt!

Wie kleidet man sich beim Sponsorgespräch?

Das A und O ist, dass die Kleidung sauber und im besten Zustand ist. Denken Sie daran: „Repräsentieren hilft beim Rekrutieren!"
Ansonsten ist fast alles erlaubt, was gefällt oder worin Sie sich wohlfühlen. Im Network haben Sie den Vorteil, dass es für die Branche im Großen und Ganzen keinen festen Dresscode gibt. Sie können also die Regeln in diesem Bereich selbst definieren.
Hauptsache, Ihr Auftreten wirkt authentisch und stimmig!

„Repräsentieren hilft beim Rekrutieren"

Es gibt keinen festen Dresscode

SUPER SPONSOR SYSTEM — Fragen unserer Seminarteilnehmer

Unter bestimmten Umständen kann unkonventionelles Auftreten vorteilhaft sein

Bleibt noch die Frage: Sollte sich zum Beispiel ein Finanzdienstleister den gesellschaftlichen Konventionen fügen, die in diesem Bereich gelten?

Jein. Wenn er ein etwas alternatives, auf eine bestimmte Zielgruppe außerhalb des Mainstreams zugeschnittenes Konzept hat, braucht er das auch nicht so eng zu sehen und sollte sein Auftreten eher auf dieses Konzept abstimmen als auf die allgemeingültige Norm.

Wenn sich jemand zum Beispiel als Finanzdienstleister auf jüngere Leute spezialisiert hat, die es lieber nicht so spießig mögen, sind Anzug und Krawatte sogar eher unpassend.

Keine Berührungsängste gegenüber Anzugträgern!

In diesem Zusammenhang noch etwas Psychologisches: Wer eher sportlich und lifestylisch auftritt, braucht deswegen auch keine Berührungsängste gegenüber Anzugträgern zu haben. Was glauben Sie, wie viele Menschen in Führungspositionen jemanden beneiden, der an warmen Hochsommertagen auf das Tragen von Anzügen verzichten darf?

SUPER SPONSOR SYSTEM — Fragen unserer Seminarteilnehmer

Fragen zu Baustein 4: Insidergeschichten

Wie lange sollte die Vertrauensaufbauphase dauern?

Dafür gibt es keine feste Regel. Sie dauert so lange, wie sie dauern muss!
Diese Phase ist die Basis für den weiteren Gesprächsverlauf. Wenn man es ganz streng sieht, müsste man sagen: Sie brauchen gar nicht weiterzumachen, wenn Sie das Gefühl haben, dass Ihnen Ihr Gesprächspartner nicht vertraut.

Denken Sie daran: Ein gutes Vertrauensverhältnis ist der Nährboden für alles Weitere, was kommt, denn ohne Vertrauen kann man den Gesprächspartner nicht dauerhaft gewinnen.

Ohne Vertrauen kann man den Gesprächspartner nicht dauerhaft gewinnen

Nehmen Sie sich also die Zeit dafür!

SUPER SPONSOR SYSTEM

Fragen unserer Seminarteilnehmer

Fragen zu Baustein 5:
Vertrauensvorschuss platzieren

Was spricht dagegen, den Gesprächspartner nach Baustein 4 sofort von sich erzählen zu lassen?

Wenn man mit der persönlichen Geschichte in Vorleistung geht, entsteht beim Gesprächspartner quasi das Bedürfnis „auszugleichen".
Jeder Mensch ist grundsätzlich bestrebt, einem anderen nichts schuldig zu bleiben. So ist es auch mit persönlichen Informationen. Das Prinzip ist einfach: Erzählst du mir etwas, dann erzähl ich dir etwas.

Der „Vertrauensvorschuss" kann die Gesprächsatmosphäre verbessern

Wenn Sie den Gesprächspartner auffordern, sofort von sich zu erzählen, ohne dass er weiß, mit wem er es zu tun hat, und ohne dass Sie in Vorleistung gegangen sind, kann sich das ungünstig auf die Atmosphäre auswirken: Das Gespräch wird etwas „holperig", und Sie finden schwieriger zueinander.
Beweisen Sie deswegen Größe und gehen ein wenig in Vorleistung. Es wird sich für Sie lohnen.

Meine Vita ist sehr einfach und unspektakulär, ich habe gar keine Heldenreise!

Dazu ist Folgendes anzumerken:
Auch nach München zu gehen und dort ein paar Leute auf der Straße anzusprechen, ist nicht wirklich spektakulär. Und trotzdem ist das die persönliche Heldengeschichte

SUPER SPONSOR SYSTEM — Fragen unserer Seminarteilnehmer

von unserem „Rekru-Tier" Tobias Schlosser, die mittlerweile in unseren Büchern mehrere Zehntausend Mal verkauft wurde.

Wenn Sie der Meinung sind, dass Ihr Leben nichts Besonderes ist oder Sie nichts zu erzählen haben, dann ändern Sie das. Ansonsten wird es schwer. Wir sind der Meinung, dass jeder Mensch etwas Tolles über seinen bisherigen Werdegang berichten kann. Seine persönliche Story!
Es ist nur die Frage, ob Sie in der Lage sind, ein paar schöne Worte dafür zu finden und eine „schöne Schleife" um Ihre „ganz normale" Vita herumzubinden.

Jeder Mensch kann etwas Tolles über seinen bisherigen Werdegang berichten

Zu dieser Aussage kommen wir übrigens nur deshalb, weil wir für mittlerweile mehrere Hundert Leute die persönliche Heldenreise verfasst haben, die der Meinung waren, dass es nichts Besonderes an und über sie zu berichten gäbe.
Das Ergebnis war meistens Begeisterung und die Aussage: „Aus diesem Blickwinkel haben wir das Ganze noch gar nicht betrachtet. So haben wir uns selbst noch nie gesehen."

Unsere Kunden sagen oft: „So haben wir uns selbst noch nie gesehen."

Ich möchte gar nicht so viel Vertrauen aufbauen, weil ich meine eigene Vita nicht preisgeben will!

Das ist auch möglich, allerdings ist das der „steinigere Weg"!

Fragen unserer Seminarteilnehmer

Fragen zu Baustein 6:
Bedürfnislage analysieren

Was ist, wenn mein Gesprächspartner keine Motive hat und es ihm sehr gut geht?

Das ist grundsätzlich getrennt zu betrachten. Wenn es einem Menschen sehr gut geht, heißt das noch lange nicht, dass er keine Motive hat.
Vielmehr sind die Motive bei so einem Menschen vielleicht nur nicht so offensichtlich wie bei anderen, oder er hat ganz andere Motive, als Sie das bisher kannten.
Außerdem hat z. B. finanzieller Reichtum noch lange nichts damit zu tun, ob ein Mensch wirklich zufrieden und glücklich ist mit seiner Situation.

Das gilt es im persönlichen Gespräch sehr genau zu erfragen. Hierbei ist es besonders wichtig, auch auf die „Zwischentöne" zu hören. Bei manchen Leuten sieht man förmlich, wo deren Probleme liegen, und sie sprechen auch noch offen darüber. So zum Beispiel Menschen, die wenig verdienen oder unzufrieden mit dem Job sind.
Je besser es einem Menschen geht, desto weniger sind Probleme ersichtlich und desto mehr sind wir als Kommunikationsprofis gefordert, die Motive durch gute Fragen und viel Aufmerksamkeit zu ergründen.
Merken Sie sich bitte eines: Jeder Mensch, egal wie gut es ihm/ihr auch gehen mag, hat seine „persönliche Baustelle". Es ist nur die Frage, ob Sie gut genug sind, diese persönliche Baustelle bei ihm zu finden.

Jeder Mensch hat seine „persönliche Baustelle". Die Frage ist nur, ob Sie gut genug sind, diese zu finden

SUPER SPONSOR SYSTEM — Fragen unserer Seminarteilnehmer

Was ist, wenn mein Gesprächspartner immer nur sehr kurz auf meine Fragen antwortet?

Das ist grundsätzlich ein gutes Zeichen.
Es gibt unterschiedliche Typen von Menschen. Manche erzählen viel und sehr freizügig von sich, andere beschränken sich auf das Notwendigste. Wenn jemand kurz antwortet, dann ist das zumindest besser, als wenn er gar nichts von sich preisgibt.

Fragen unserer Seminarteilnehmer

Fragen zu Baustein 7: Emotionale Anpassung an den Gesprächspartner

Warum ist es ungünstig, im Sponsorgespräch zu diskutieren?

Diskussion ist Kampf! Mit einer gewonnenen Diskussion werden Sie mit Sicherheit etwas für Ihr Ego tun, Ihren Gesprächspartner aber möglicherweise emotional verlieren! In jedem Fall bewirkt das Diskutieren in irgendeiner Form immer eine Gesprächsblockade.

Diskutieren bewirkt eine Gesprächsblockade – daher ist Einwandvorwegnahme empfehlenswert

Daher raten wir dazu, gängige Argumente immer schon als Einwandvorwegnahme in den Gesprächsleitfaden mit einzubauen!

Ich bin nicht der Typ, der eine sofortige Entscheidung möchte!

Die Entscheidung bezüglich einer Zusammenarbeit sofort einzufordern, ist kein Muss. Allerdings haben wir das Supersponsorgespräch so ausgelegt, dass am Ende eine Entscheidung herbeigeführt wird. Das wiederum hat etwas mit unseren persönlichen Erfahrungen und mit denen zahlloser Networker zu tun, die wir zu diesem Thema befragt haben.
In der Praxis hat es sich bewährt, auf eine sofortige Entscheidung und ein klares Ja oder auch Nein hinzuarbeiten

SUPER SPONSOR SYSTEM — Fragen unserer Seminarteilnehmer

– denn mit diesen Antworten können die meisten Networker etwas anfangen. Die Verhältnisse sind dann eindeutig geklärt.

Das emotional Unbefriedigendste ist ein Jein oder ein Vielleicht oder ein „Überleger". Diese Varianten sind oftmals an langes Warten auf die Entscheidung des Interessenten gekoppelt und werden deswegen oft als belastend empfunden. In einem „normalen" Bewerbergespräch in der freien Wirtschaft wartet der Personalverantworliche auch nicht auf die Entscheidung seiner Bewerber. Er entscheidet, wen er nimmt und wen nicht.

Der „Überleger" ist eine höchst unbefriedigende Angelegenheit

Zudem ist davon auszugehen, dass Sie von Menschen, auf deren Rückruf Sie warten, nur in den seltensten Fällen etwas hören werden. Und wenn, dann haben sie sich dann doch dagegen entschieden.

Dass jemand zurückruft und dann auch noch Ja sagt, ist extrem selten

Also entscheiden Sie selbst, wie Sie in Zukunft vorgehen! Wir haben unsere Erfahrungen gemacht, und bei uns entscheidet sich jeder sofort im Gespräch! Ob dafür oder dagegen, ist uns vollkommen gleich. Denn uns sind beide Entscheidungen recht!

Was ist, wenn ich nichts finde? Wenn ich mich nicht mit seinem Beruf identifizieren kann?

Das geht nicht! Mit etwas Allgemeinwissen, einem guten Branchenüberblick und ein wenig Informiertheit

SUPER SPONSOR SYSTEM | **Fragen unserer Seminarteilnehmer**

Trainieren Sie die Identifikation mit dem Beruf!

wird es immer möglich sein, sich mit dem jeweiligen Beruf oder der Tätigkeit des Interessenten zu identifizieren. Außerdem kann man das auch vorab schon üben, indem man für die gängigsten Berufe in einem Trockentraining einen Identifikationsleitfaden erstellt.

SUPER SPONSOR SYSTEM
Fragen unserer Seminarteilnehmer

Fragen zu Baustein 8: Geschäftspräsentation

Muss ich den Vorabschluss oder die Einwandvorwegbehandlung unbedingt machen?

Grundsätzlich ist alles Kann, nichts Muss!
Sie sollten nur eines wissen: Je öfter Sie in der Lage sind, Vorabschlüsse bereits während des Gespräches zu platzieren und Einwände zu behandeln, bevor sie überhaupt auftreten, desto leichter wird am Ende ein Abschluss sein.

Es gibt unserer eigenen Erfahrung nach nichts Unbefriedigenderes als ein Gespräch, in dem nach einstündiger Präsentation alle unliebsamen Argumente am Ende behandelt werden müssen.

Das ist eigentlich auch nicht anders als bei der Abgabe der Steuererklärung: Wer die Vorbereitung der Steuerunterlagen auf den letzten Moment des Jahres hinauszögert, hat in der Regel mehr Stress und auch keine Möglichkeit, Steuern zu sparen, indem er noch entsprechende Anschaffungen oder Investitionen tätigt.
Jemand, der „just in time" Belege abheftet und beschriftet und der auch während des gesamten Kalenderjahres immer über seine steuerliche Situation Bescheid weiß, der hat am Jahresende weder Stress damit, seine Unterlagen zu ordnen, noch Probleme damit, eventuelle Anschaffungen zu tätigen, um Steuern zu sparen.

SUPER SPONSOR SYSTEM

Fragen unserer Seminarteilnehmer

Ich habe Angst, dass mir die Leute abspringen, wenn ich schon vorab erkläre, dass es um MLM geht!

Angst ist niemals ein guter Gefährte. Erstens ist MLM nichts, worüber man nicht offen sprechen könnte, und zweitens: Selbst wenn man manchmal auf Leute trifft, die Vorbehalte gegen das System an sich haben, gibt es trotzdem noch ein unendlich großes Potenzial an Menschen, mit denen man über sein Geschäft reden kann.

Warum sollte ich in der Geschäftspräsentation nicht so viel über die Produkte reden, sondern mehr über das System?

Wenn man im Sponsorgespräch zu viel über die Produkte spricht, dann „züchtet" man sich in der Regel schon von Beginn an Partner, die in Zukunft wegen ihrer zu großen Produktverliebtheit nicht oder nur unbefriedigend in der Lage sein werden, das System MLM oder die Geschäftsidee an neue Partner zu kommunizieren.

Die Praxiserfahrung zeigt, dass allzu „produktfixierte" Networker es meistens nicht fertigbringen, große Organisationen aufzubauen. Offenbar können sie den Systemnutzen und die Geschäftsidee nicht kommunizieren, sondern beschränken sich immer nur auf den Produktnutzen.

Merke: Wer begeistert den Produktnutzen kommuniziert, baut Kunden auf, wer begeistert den Systemnutzen kommuniziert, wird Geschäftspartner aufbauen.

Wer Produktnutzen kommuniziert, baut Kunden auf, wer Systemnutzen kommuniziert, baut Geschäftspartner auf

SUPER SPONSOR SYSTEM — Fragen unserer Seminarteilnehmer

Wenn ich „nach oben" rekrutiere (Unternehmer, Selbstständige, leitende Angestellte einer Firma und derartige Persönlichkeiten): Wie schaffe ich es, so jemandem zu erklären, dass er sich im MLM wieder hochdienen muss?

Da gibt es nichts zu erklären. Es ist so, wie es ist! Entweder er akzeptiert, oder er/sie ist nicht der richtige Mann/ die richtige Frau!

SUPER SPONSOR SYSTEM

Fragen unserer Seminarteilnehmer

Fragen zu Baustein 9: Abschluss

Ich bin eigentlich ein sehr sozialer Typ und möchte meinen Gesprächspartner nicht zappeln lassen!

Auch der Papst ist ein sehr sozialer Mensch, und trotzdem bekommt man nicht ohne Weiteres eine Audienz bei ihm!

Muss man das mit dem „guten und dem bösen Bullen" unbedingt machen?

Nein! Die Strategie „Guter Bulle, böser Bulle" ist lediglich eine unterstützende Möglichkeit, wenn man selbst noch nicht so viel „Abschlusspower" entwickeln kann, wie notwendig ist.

Diese Strategie hat sich auch dort bewährt, wo es aufgrund eines besonderen emotionalen und persönlichen Verhältnisses zum Interessenten schwer machbar ist, dem Gespräch auch den nötigen Tiefgang oder geschäftlichen Touch zu verleihen.

> **„Guter Bulle, böser Bulle" eignet sich auch dort, wo ein zu enges emotionales oder persönliches Verhältnis zwischen Interessent und Recruiter besteht**

Es wird so oft von der Statuskommunikation gesprochen! Ich lege gar keinen Wert auf Status! Was soll ich machen?

Egal auf welche Art und Weise man den Status kommuniziert, entscheidend ist, dass man das auf seine eigene,

SUPER SPONSOR SYSTEM — Fragen unserer Seminarteilnehmer

authentische Art und Weise macht. Das hat auch nichts mit Arroganz oder Schauspielerei zu tun, wichtig ist, dass man für andere Menschen ein Vorbild im weiteren Sinne ist.

Sehen Sie sich erfolgreiche Networker an – und Sie werden feststellen, alle kommunizieren auf ihre Art und Weise einen hohen Status. Die einen sehr subtil, andere sind etwas „lauter", anderen merkt man den Erfolg und den hohen Status einfach nur an, noch bevor sie ein Wort gesprochen haben. Aber alle tun es!

Bitte denken Sie immer daran, dass sich Menschen nur jemandem anschließen, den sie in einer gewissen Form bewundern oder wertschätzen.

> **Menschen schließen sich nur jemandem an, den sie bewundern oder wertschätzen**

Erinnern Sie sich daran, dass bei jedem Zusammentreffen von Menschen „Staus verhandelt" wird. Wenn Sie es also nicht schaffen, als „bewundernswerter" oder zumindest gleichwertiger Gesprächspartner angesehen zu werden, dann wird es auch sehr schwer werden, Menschen für Ihr Geschäftsmodell Network-Marketing zu gewinnen.

Warum ist die Entscheidungssicherung so wichtig? Das habe ich bis jetzt noch nie gemacht!

Die verschiedenen Maßnahmen zur Entscheidungssicherung tragen erfahrungsgemäß erheblich zu einer

Fragen unserer Seminarteilnehmer

Die Beeinflussung neuer Partner durch das persönliche Umfeld sollte man nicht dem Selbstlauf überlassen

wesentlich höheren Starterquote im Vergleich zu einer Vorgehensweise ohne diese Maßnahmen bei. Gerade die Beeinflussung neuer Partner durch das persönliche Umfeld ist ein Thema, das nicht dem Selbstlauf überlassen werden sollte. Hier kann und muss man schon in eigenem Interesse als Führungskraft etwas tun und intervenieren.

Nachwort

Herzlichen Glückwunsch! Sie haben es geschafft und sind wieder einmal, wie so oft im Leben, an einem sehr wichtigen Punkt angekommen. Dem Punkt, an dem sich entscheidet, was Sie aus den Informationen, die Sie die letzten Tage und Stunden in diesem Buch konsumiert haben, machen werden. Oder besser noch: Wie viel Sie daraus machen werden, nämlich Geld!
Die Frage ist: Wie viele dieser Infos können Sie für sich persönlich monetarisieren und in klingende Münze verwandeln?

Einige Leser werden das Buch beiseitelegen und sofort entscheiden, dass das Gelesene für sie und ihre persönliche, geschäftliche Situation nicht oder nur bedingt anwendbar ist. Sie werden sich sofort wieder auf die Suche nach einem neuen „Stein der Weisen" begeben und baldmöglichst neue Infos konsumieren, um ihr theoretisches Wissen weiter auf- und auszubauen.
Das sind dann die Kollegen, die das MLM- und Vertriebswissen der Welt in sich tragen, in der Praxis allerdings nicht unbedingt zu den Durchstartern der Networkindustrie gehören.

Die zweite Gruppe von Lesern wird das Super-Sponsor-System von Zeit zu Zeit hernehmen, sich inspirieren lassen, einiges ausprobieren und, was noch viel wichtiger ist, sich selbst das gute Gefühl verschaffen, dass die Investition in dieses Buch richtig war. Sie werden Wissen

Nachwort

zu Geld machen, weil sie das Gelernte in der Praxis von Zeit zu Zeit erfolgreich anwenden.

Die dritte Gruppe wird aus Kollegen und Kolleginnen bestehen, die bedingungslos und mit großer Umsetzungsstärke ans Werk gehen, um das Super-Sponsor-System für sich persönlich zum Laufen zu bringen. Sie werden nicht weiter suchen, sondern sofort starten und werden sich millimetergenau an unser System halten. Drei Phasen, neun Bausteine, kontinuierlich neue Geschäftspartner und jede Menge Erfolg und Geld ...

Wenn wir es uns aussuchen dürften, dann würden wir Sie natürlich alle gerne in die dritte Gruppe packen.
Da diese wichtige Entscheidung aber leider nicht bei uns, sondern bei Ihnen liegt, möchten wir Sie an dieser Stelle bitten, diese ganz bewusst zu treffen!

Ach, und übrigens! Sollten Sie jemals von einem der namhaften Network-Marketing-Magazine zu Ihren Erfolgsgeheimnissen interviewt werden, dann vergessen Sie bitte nicht, 2beknown und das Super-Sponsor-System zu erwähnen☺!

Alles Gute und maximale Erfolge wünschen

die REKRU-Tiere von 2beknown!

SUPER SPONSOR SYSTEM

Networker ohne Vertriebspartner?

Das A und O für jeden erfolgreichen Networker ist es, ein großes Team aufzubauen. In der Praxis oft gar keine so einfache Aufgabe: Wie und wo finde ich die richtigen Leute?

2BEKNOWN hat die besten Ideen dazu für Sie gesammelt und niedergeschrieben.

Sie erhalten komplett kostenlos alle drei Tage per E-Mail einen Tipp, wo / wie und in welcher Situation Sie an neue Geschäftspartner kommen.

99 TIPPS
WIE SIE AN NEUE GESCHÄFTSPARTNER FÜR IHR MLM KOMMEN

Garantiert ist für jeden Networkertyp der ideale Ansatz dabei! Sie brauchen die Ideen nur noch umzusetzen ...

Melden Sie sich an unter
www.99sponsortipps.de

Mit uns und unseren Gratistipps kein Thema!

SUPER SPONSOR SYSTEM

Direktkontakt-Profis aus Leidenschaft ...

Direktkontakt ist eigentlich die natürlichste Art der Kontaktaufnahme von Mensch zu Mensch. Doch warum fällt uns dieser Weg heutzutage so schwer, warum schaffen es nur so wenige, ein großes Network-Marketing aufzubauen?

2BEKNOWN beschäftigt sich seit vielen Jahren mit den Themen **Direktkontakt, Fremdkontakt und Direct Recruiting,** insbesondere **für MLM und Strukturvertriebe.** Ihr Wissen aus über 80 000 Direktkontakten geben die Trainer Rainer Freiherr von Massenbach und Tobias Schlosser in **Workshops, Schulungen / Seminaren** und in ihren **Büchern** weiter.

Die **2BEKNOWN-Methode** begeistert und erweist sich immer wieder als ein unschlagbares Erfolgskonzept.

... unterstützen Sie beim Aufbau Ihres Kontaktnetzwerks

SUPER SPONSOR SYSTEM

„Sie treffen mit Ihren Buch- und Seminarinhalten den berühmten ‚Nagel auf den Kopf'."

„Ich bin nun seit 30 Jahren aktiv im Vertrieb, Marketing und im Sales-Management vieler internationaler Großkonzerne und habe schon viele Seminare erlebt. Was aber Sie geliefert haben, hat in puncto Praxisbezug, Authentizität und Realität meine Erwartungen bei Weitem übertroffen."

„Man hat Ihnen in jeder Sekunde Ihr Engagement und Ihren Spaß angemerkt, was den Tag noch lebhafter und interessanter machte."

„Ein klasse Seminar. So viele tolle Beispiele und ‚gelebte' Erfahrungen."

„Was ihr beide da auf die Füße gestellt habt, ist der beste Beweis dafür, dass es nix Größeres gibt als eine Idee, deren Zeit gekommen ist."

(Kundenstimmen zu **2BEKNOWN**)

Informieren Sie sich noch heute unter
WWW.2BEKNOWN.DE

SUPER SPONSOR SYSTEM

Mehr Erfolg ...

Ein großes, starkes Team, mehr Umsatz und Einkommen – diese Ziele erreicht man im MLM und Network-Marketing nicht immer nur durch Fleiß, sondern auch durch den Einsatz unkonventioneller Methoden und „bauernschlauer" Vorgehensweisen.

In der **Buchreihe „MLM Trickkiste"** präsentieren die 2beknown REKRU-Tiere ihre tausendfach praxiserprobten Insider-Tricks, **wie man auf nicht alltägliche Weise und abseits des Mainstreams zu schnellerem und nachhaltigerem Geschäftserfolg kommt.**

... mit den Tools aus unserer MLM-Trickkiste!

SUPER SPONSOR SYSTEM

In der Reihe **2BEKNOWN MLM Trickkiste** bereits erschienen:

Band 1: Berater kommen lassen – Die Kunst, Menschen antanzen zu lassen
ISBN 978-3-941412-23-1

Band 2: Guter Bulle, böser Bulle – Die Magie der zwei gegensätzlichen Emotionen
ISBN 978-3-941412-26-2

Band 3: Lass dich ansprechen! – Spielend leicht Kontakte gewinnen mit T-Shirt-Werbung
ISBN 978-3-941412-31-6

Band 4: Tiefenduplikation – So machen Sie Ihren Partnern richtig Feuer unter dem Hintern
ISBN 978-3-941412-32-3

Gleich bestellen unter:
www.2beknown.de/MLMTrickkiste

Bibliografische Information der Deutschen Nationalbibliothek:
Die Deutsche Nationalbibliothek verzeichnet diese Publikation in der Deutschen Nationalbibliografie; detaillierte bibliografische Daten sind im Internet abrufbar über
http://dnb.d-nb.de

ISBN 978-3-941412-37-8

Impressum

Verlag:
2bepublishing, München
www.2beknown.de

Autoren: Rainer v. Massenbach und Tobias Schlosser
Covergestaltung: 2bepublishing/2be GmbH, München
Lektorat, Innenlayout und Satz: Bernhard Edlmann Verlagsdienstleistungen, Raubling
Korrektorat: Anna Singer, muenchen-lektorat.de

Alle Rechte vorbehalten. Kein Teil des Werks darf in irgendeiner Form (Druck, Fotokopie, Mikrofilm oder in einem anderen Verfahren) ohne schriftliche Genehmigung des Verlags reproduziert oder unter Verwendung elektronischer Systeme verarbeitet, vervielfältigt oder verbreitet werden.

© 2bepublishing 2011 – All Rights Reserved

Bildnachweis

10: ©iStockphoto.com/ 4774344sean; 36: ©iStockphoto.com/quisp65; 51: ©iStockphoto.com/ IsaacLKoval; 64: ©iQoncept/Fotolia.com; 76: ©iStockphoto.com/ jntvisual; Bearbeitung: Bernhard Edlmann; 91: ©iStockphoto.com/ pkline; 103: ©iStockphoto.com/ RapidEye; 106: ©iStockphoto.com/ Girl_illa; 107: ©iStockphoto.com/ -Marie-; 197: ©iStockphoto.com/ pederk; 199: ©iStockphoto.com/ Palto; 220: ©iStockphoto.com/ThinkDeep; 260: ©iStockphoto.com/ qbanczyk; 265: ©iStockphoto.com/ 4774344sean; 283: ©iStockphoto.com/ pagadesign

Alle hier nicht ausdrücklich aufgeführten Grafiken im Buch stammen von Bernhard Edlmann, Raubling